Entwurf einer Geschichte

der

Schlesischen

Bergwerks-Verfassung

vor dem Jahre 1740.

Von

Aemil Steinbeck,

Königlich Preußischem Ober-Berg-Rathe zu Brieg.

(Aus dem sechszehnten Bande des Archivs für Bergbau und Hüttenwesen besonders abgedruckt).

Berlin, 1827.

Gedruckt und verlegt

bei G. Reimer.

Die Geschiche der alten Bergwerks-Verfassung in Schlesien umfaßt einen, die allgemeinen öffentlichen Verhältnisse mehrfach berührenden Gegenstand, steht mit der Geschichte der deutschen Bergrechte und Einrichtungen in naher Beziehung, und ist bisher wohl nur darum nicht bearbeitet worden, weil ihre Quellen sehr vereinzelt meist in alten Bergwerks-Acten aufzusuchen sind, welche nicht Jedermann bekannt und zugänglich waren. — Diese Rücksichten haben mich veranlaßt, den gegenwärtigen Entwurf einer solchen Geschichte zu liefern und so eine künftige vollendetere Ausführung derselben vorzubereiten. Daß hin und wieder Lücken nicht vermieden werden konnten, lag in der Natur der Sache, und namentlich ist vielleicht für den österreichischen Theil Schlesiens manche interessante Angabe mir fremd geblieben; doch ist, was an Urkunden und Akten zu erlangen war, von mir möglichst benutzt, durchaus nach genauer Ansicht derselben das Vorgefundene niedergeschrieben, nirgends einer vorhandenen bloßen Auctorität, sondern nur solchen Quellen gefolgt worden.

Eine Chronik Schlesischer Bergwerks-Verhandlungen wollte ich nicht geben; sie würde zu viel Unbedeutendes enthalten und den Ueberblick erschweren. Eben so wenig soll hier eine Geschichte der einzelnen Schlesischen Bergwerke, ihres Betriebs und Ertrags geliefert werden. Von den meisten wäre eine solche Geschichte erst aus neuern Zeiten gründlich möglich und muß dann als rein specielle Entwickelung behandelt werden, in welcher Form dergleichen allerdings von einigen Werken nicht ohne Interesse seyn dürfte.

Nach diesen Ansichten bitte ich den vorliegenden Entwurf zu würdigen.

Einleitung.

Rückblicke auf die Bergwerksverfassung in dem Römischen Staat.

Welche bestehenden Staatseinrichtungen oder Rechts-Verhältnisse in Mittel-Europa man auch als Gegenstand geschichtlicher Untersuchung ergreift, fast stets wird man dabei zuletzt den Keim dieser Einrichtungen in dem Römerreich finden, sobald ihnen ein Gegenstand zum Grunde liegt, welcher schon in diesem Reiche zur Bildung socialer Vereine Anlaß gab und richterliche Entscheidungen erforderte. — Dies gilt namentlich auch von der Bergwerksverfassung, welche, schon in jenem Reich völlig ausgebildet, aus ihm in den einzelnen über seinen Trümmern aufgeblühten Staaten nur Veränderungen erlitt, die Oertlichkeit, Landesverfassung, auch Eigensinn, Mißbrauch und Vorurtheile, herbeiführten. — Darum ist es nöthig hier Einiges über die römische Bergwerks-Verfassung zusammenzustellen, um die Grundansicht der ältern Bergwerks-Verfassung in Schlesien klar darzulegen, denn nur ein solcher Rückblick giebt über die Einrichtungen einer um manche Jahrhunderte jüngeren Zeit volle Aufschlüsse, und weist sie als aus jenen früheren Perioden aufbewahrt und fortgepflanzt nach.

Roms Bergwerks-Verfassung war — wie so viele seiner Institutionen — griechischen Ursprungs, denn in Groß-Griechenland fanden die Römer die ersten Bergwerke. — Was wir bis jetzt von den Bergwerks-Einrichtungen der griechischen Staaten kennen, beschränkt sich in den Hauptgegenständen auf Folgendes. Die Athener betrachteten ihre reichen Silberbergwerke zu Laurium als Staats-Eigenthum, vielleicht weil der Grund und Boden von Laurium Staats-Domaine war; wahrscheinlicher aber, weil sie schon den Begriff eines Staats-Bergwerks-Regals kannten, der muthmaaßlich aus morgenländischen oder ihnen nördlich belegenen Ländern zu ihnen gelangt war (z. B. Persien, Kolchis) und sich tief in den Orient hinein nachweisen lassen dürfte.

Dieser Lauritanische Bergbau ward nicht auf unmittelbare Rechnung des Staats-Schatzes — als Immediat-Bergbau — betrieben, sondern befand sich in dem Besitz von Gewerkschaften, welche mehrere Zechen, theils als wirkliche beliehene Eigenthümer, theils als Pächter, durchgehends in vermessenem Felde, bauten. Die beliehenen Gewerkschaften zahlten, außer einer Belehnungs-Taxe, den vier und zwanzigsten Theil der Ausbeute, außerdem aber keine Staats-Abgabe. Sie erhielten in einem Bergbuche ihr Bergwerks-Eigenthum zugeschrieben; wurden bei ihrem Besitz durch besondere Strafgesetze geschützt und trieben ihren Bergbau mittelst theils eigner, theils gemietheter, von den Vermiethern auf Speculation für den Betrieb unterrichteten, Sclaven. — Eben solcher Sclaven bedienten sich die Bergwerks-Pächter und ihre Pacht richtete sich nach der Kopfzahl dieser Arbeiter; eine Einrichtung, welche auf einen ziemlich einfachen Bau und auf Mangel künstlicher Vorrichtungen bei demselben hindeutet.

Wir sehen also hier eine schon weit ausgebildete Bergwerksverfassung, — in mehrfacher Beziehung das Vorbild aller spätern in Europa, — zu einer Zeit, wo der römische Staat wohl noch keine Länder in sich faßte, in welchen Bergbau getrieben ward; denn die Geschichte Roms bewahrt aus den Zeiten der Könige nichts, was uns als Spur römischer Bergwerks-Verfassung dienen könnte *), weil in dem Umfange des römischen Staats in jenen Zeiten keine Bergwerke vorhanden waren.

Daß Numa dessen Einrichtungen überall ein Gepräge höherer als der damals in Rom schon heimischen Bildung tragen, eine Kaste oder Zunft von Münzern *), Metallgießern (Collegium Aerariorum) errichtete, beweißt noch keine unmittelbare Theilnahme des Staates an der Metall-Bearbeitung und eben so wenig, daß Bergleute zu dieser Zunft gehörten.

Auch in den ersten Zeiten der römischen Republik ist von Bergwerken nicht die Rede und da damals, wie immer, Geld bei dem Kriegführen ein unentbehrliches Bedürfniß war, so mogte ein Theil der Vortheile, welche die Karthager im ersten und zweiten punischen Kriege erlang-

---

*) Die Stellen, welche Sagen enthalten, sind in Flade's römischen Bergrecht (Freyberg bei Cratz und Gerlach 1805) gesammelt. In diesem schätzbaren Buche finden sich die meisten Notizen über die Bergwerk-Verfassung bei den Römern zusammen gestellt.

**) Plinius, Hist. nat. XXXIV, 1.

ten, wohl von dem Besitz der Masse edler Metalle herrühren, in welchem sie sich befanden, während der Mangel dieses Besitzes den Römern die Fortsetzung des Krieges erschwerte, zugleich aber auch fühlbar machte: wie wichtig die Eroberung Spaniens für sie werden könne, wenn es gelinge, dieses metallreiche Land den Karthagern zu entreißen.

Die Erzälung des Livius *) von der Plünderung des Tempels der Juno Feronia, wo die Karthager eine Menge geopfertes rohes Kupfer fanden und auf dem weitern Marsch als unnütz wieder wegwarfen **), spricht, verbunden mit der Angabe des Plinius vom Kupferbergbau in Campanien ***), für einigen Bergbau in Unter-Italien, nirgends aber geht hierbei etwas von Bergwerks-Verfassung hervor. Seit, in weniger als einem Menschenalter, Spanien, Illyrien, Macedonien, Rom unterworfen waren, besaß Rom alle zu jener Zeit bekannten Länder des Occidents, wo Bergbau getrieben ward und geiff diesen Bergbau mit der in allen seinen Unternehmungen unverkennbarem Gier nach Gewinn an.

Der römische Staat besaß nun eine ausgedehnte Ländereien-Masse als **Staats-Gut** und verwaltete solche nach dieser Ansicht. Was aber nicht als Staatsgut betrachtet werden konnte, war im ausgedehntesten Sinn freies Eigenthum seiner Besitzer, es mogten solche Individuen oder Corporationen seyn. Hieraus folgte von selbst, daß die Grundeigenthümer, welche in dem Umfange (Orbis) des römischen Staates, aber nicht auf Staat-Domainen, an-

*) XXVI. 11.

**) Das hierbei gebrauchte Wort „rudus" kann allerdings auf Kupfererz, vielleicht und wahrscheinlicher aber auf Gaar-Kupfer gehen, welches die Soldaten wegwarfen, als sie entdeckten, daß es nicht sofort zu verbrauchen sey.

***) Hist. N. XXXIV. 9.

sässig waren, in Bezug auf ihre Besitzverhältnisse auch überall von denen, welche Domainen-Grundstücke inne hatten, zu unterscheiden sind. Erstere, — römische Bürger im vollsten Sinne des Worts — besaßen ihre Praedia, Jure quiritario, während Besitzrechte der letztern an Grundeigenthum und überhaupt an Gegenstände, wobei der Staat mit in Berührung kam, theils durch Capitulationen, unter welchen die Provinzen dem Römerreich incorporirt worden, theils durch andere eingeführte oder bestätigte Provinzial-Verfassungen (Formulae Provinciae), theils durch specielle Begnadigungen, oder einzelne Verträge mit dem Staat bestimmt wurden.

Alles dies hatte auf das Bergwerks-Eigenthum entschiedenen Einfluß, und während der Staat in den Provinzen, auf seinen Domainen und höchst wahrscheinlich oft auf den Gründen der Provincialen, für eigene Rechnung Bergbau trieb, besaßen auch römische Bürger bedeutende Gruben und selbst den Besiegten wurde gewöhnlich Bergbau auf ihren Gütern zu treiben gestattet, indem sich der römische Staat in der Regel in eroberten Ländern nur Gold und Silber als unmittelbare Gegenstände seines Regals, vorbehielt **), bisweilen dies Regale aber auch weiter ausdehnte***). Dies geschah zum Theil aber aus reiner Willkür, wo die Provinzial-Verwaltungen den Proconsuln und Proprätoren in wenig begränzter Ausdehnung überlassen waren, sie also auch in Beziehung auf das Bergwerks-Regale ohnstreitig mit gewohnter Eigenmacht verfuhren.

In der Kaiserzeit gewann die Domainen-Verfassung und die Verwaltung der Regalien an Ausdehnung und Ord-

*) Beweisstellen für diese Behauptungen hat Flade a. a. O. S. 31. gesammelt.

**) Liv. XXXXV. 29.

***) Flade a. a. O. S. 35.

nung *). Dennoch findet sich aus den frühern Kaiserzeiten in der römischen Legislation nichts von bergrechtlichen Verordnungen, weil auch in dieser Zeit in den Einrichtungen der Provinzen fast nichts geändert, in Italien kein Anlaß zu solchen Verordnungen vorhanden, sich auf technische Rücksichten einzulassen eben nicht im Geist der römischen Juristen war, die Bergbaukunde aber noch in ihrer ersten Entwicklung lag.

In staatsrechtlicher Hinsicht stand die Bergwerks-Regalität des Staats auch für das Salz fest. Die aus Ulpian Lib. X. ad Edictum provinciale entnommene Stelle

L. 17. §. 1. D. de V. S.

Publica vectigalia intelligere debemus ex quibus vectigal Fiscus capit; quale est vectigal portus, vel venalium rerum, item salinarum et piscinarum.

beweist:

daß der Staat — wenigstens in der Regel — sich begnügte, dieses Regalitäts-Recht auf Privat-Grundstücken durch Erheben einer Abgabe, oder durch Verpachten zu üben und eignen Bergbau höchstens ausnahmsweise trieb. Erst seit die Provinzen dem ursprünglichen Mutterstaat gleichgestellt wurden, besonders aber seit Caracalla das römische Bürgerrecht allen Einwohnern des Staates in Masse ertheilte, ergingen die wenigen gesetzlichen Verfügungen, welche uns durch den Codex Theodos. und die Justinianeische Gesetzsammlung aufbewahrt sind und folgende Ansicht des damaligen Sachverhältnisses gewähren. —

In privatrechtlicher Beziehung nahm man an: daß alle

*) cf. Burmanni Vectigalia Populi Rom. Lugd. Bat. 1734. p. 77 — 93. — Gibbon Geschichte des Verfalls des röm. St. Thl. 1. S. 332. der deutschen Uebersetzung von Wenck (2te Ausg. 1805.)

Metalle und einige „Marmora" sich durch einen fortdauernden Naturprozeß pflanzenähnlich immer von Neuem erzeugten (etwa wie mancher Torf) andere aber nicht *). Hierauf gründeten Ulpian und frühere Rechtslehrer, deren Schriften zu den Pandecten den Stoff gaben, gewissermaßen einen Eintheilungsgrund für die Benutzung von Mineralien der einen oder der andern Art. Sie betrachteten nämlich die erstern als reine Früchte, die letztern dagegen als Theile der Substanz des Grundstücks worauf sie sich fanden. Erstere durfte der Usufructuar beliebig genießen, nicht aber ganz absorbiren, um nicht den Keim der Wiedererzeugung zu zerstöhren **). Letztere dagegen waren dem eingeschränkten öconomischen Gebrauch unterworfen und sonst Reservat des vollen Eigenthümers.

C. 7. §. 13. 14. D. Soluto Matria.

§. 13. Si vir in Fundo mulieris dotali lapidicinas marmoreas invenerit *nec****). Fundum fructuosiorem fecerit: marmor quod caesum neque exportatum, est mariti et impensa non est ei praestanda quia nec in fructu est marmor, nisi tale sit ut Lapis ibi renascatur, quales sunt in Gallia, sunt et in Asia.

§. 14. Sed si cretifodinae, argentifodinae vel auri, vel cuius alterius materiae sint, vel arenae, uti in fructu habebantur.

---

*) Plinii Histor. Natur. Lib. XXXVI. c. 15. 16.

**) Die in allen wieder aufgenommenen altrömischen Bergwerken, in Spanien und Ungarn sich findenden, stehen gebliebenen Erze in den Strecken, sind Folge hiervon. — Reitemeier hat dies eben so wenig wie andere Schriftsteller beachtet, und daher mit Unrecht die Bergwerks-Pächter bei den Römern des Raubbaues viel zu allgemein beschuldigt.

***) Diese Cujacische Lesart statt & ist offenbar die richtige. S. C. 18. D. de fundo dotali.

— C. 18. D. de Fundo dotali — Vir in fundo dotali lapidicinas marmoreas aperuit; divortio facto quaeritur, marmor, quod caesum, neque exportatum esset, et impensum in lapidicinas factum mulier an vir praestare deberet? Labeo marmor viri esse ait; caeterum viro negat quidquam praestandum esse a muliere, quia nec necessaria in impensa esset et fundus deterior esset factus *). Ego non tantum necessarias sed etiam utiles impensas praestandas a muliere existimo, nec puto fundum deteriorem esse, si tales sunt lapidicinae in quibus lapis crescere possit.

— C. 9. D. de Usufructu —

§. 1. Et si Lapides **) in eo fundo sint, earum quoque Ususfructus ad eum pertinet.

§. 2. Sed si lapidicinas habeat et lapidem caedere ***) velit vel cretifodinas habeat vel arenas; omnibus his usurum, Sabinus ait, quasi bonum patrem familias, quam sententiam puto veram.

§. 3. *Et si* metalla †), post usumfructum legatum sint inventa, cum totius agri reliquatur ususfructus non *partium*, contineantur legato.

---

*) Weil ihm an seiner Substanz etwas entnommen sey.

**) Der Codex Flor. liest „Apes", welches mit dem griechischen Text der Basilicor:, weniger aber mit dem Folgenden stimmt. —

Unter Lapides werden hier vielleicht Feldwacken verstanden S. B. Brisson de Verb. Signif. v. Lapides und G. Noodt diss. de Usufr. Cap. VI.

***) Dies caedere steht hier vielleicht eben, um das Steinbrechen von bloßem Steinesammeln in §. 1. zu unterscheiden.

†) Die Lesart *et si* hac scheint nicht ganz richtig und eben so wenig die Lesart sed si; denn erstere enthält einen

Ferner:

C. 13. §. 5. l. c.

§. 5. Inde est quaesitum: an lapidicinas vel cretifodinas, vel arenifodinas ipse instituere posse *)? Et ego **) puto: etiam ipsum instituere posse, si non agri partem necessariam huic rei occupaturus est Pronide venas lapidicinarum et hujus modi metallorum inquirere poterit ***). Ergo et auri et argenti et sulphuris et aeris et ferri et caeterorum fodinas, vel quos pater familias instituit, exercere poterit, vel ipse instituere, *si nihil agriculturae nocebit*. Et si forte in hoc quod instituit plus reditus sit quam in vineis, vel arbustis vel olivetis quae fuerunt, forsitan etiam haec dejicere poterit si quidem ei permittitur meliorare proprietatem.

(Dieser §. ist auch deshalb merkwürdig, weil die Worte si nihil agriculturae nocebit, in Verbindung mit denen in §. 3. h. l. vorkommenden Worten non partium, manche Romanisten den Grundsatz deutschen Rechts und Herkommens, daß der Bauer nur so tief, als der Pflug gehe, Herr seines Fundi sei: unterstützen und auch ihrerseits, da

scheinbaren Doppelsinn und letztere deutet auf einen Unterschied zwischen Lapides und Metalla, welcher wohl sonst
cf. Brisson l. c. v. Metalla
sprachrichtig wäre, dem Ulpian und Sabinus aber, wie die übrigen hier angeführten Gesetze zeigen, fremd war.

*) (sc. Usufructuarius.)

**) (Ulpianus.)

***) Der Gegensatz des oben vorkommenden instituere von diesem inquirere ist nicht zu übersehen. Jenes deutet auf Betreiben, Aufnehmen im Allgemeinen; dieses dagegen auf ordentliches Bergmännisches-bauen, den Bau verfolgen — Vorrichtungs Bau und Abbau.

sie das deutsch bäuerliche Verhältniß auf den römischen Usufruktus zurückführen wollen, für bereits im römischen Recht gegründet; erklären: obschon jenen, an und für sich ganz richtigen Grundsatz des deutschen Rechts, in Deutschland und überall, wo aus dem Leben in Horden Lehnswesen hervorging, diesem eigen und sehr natürlich, angehört.)

§. 6. Si tamen quae instituit usufructuarius aut coelum corrumpuit agri *), aut magnum apparatum sint desideratura, opificum forte vel legulorum **), quae non poterit sustinere proprietarius, non videbitur viri boni arbitratu frui.

Deutlich sprechen sich diese Gesetzstellen über die großen unbeschränkten Bergwerksrechte der Dominorum römischer Grundstücke in den Zeiten vor Diocletian aus, und nirgends findet sich darin eine Oberaufsicht des Staats für den Betrieb angedeutet, auch ist dergleichen nicht zu vermuthen, da sie nicht in dem Geist der alten römischen Staats-Verfassung liegt. Uebrigens ist aus jenen Gesetzen nicht zu entnehmen: ob der Dominus fundi ein Jus excludendi Fiscum, in Betreff der auf dergleichen Fundo vorkommenden Bergwerksschätze hatte, oder ob der Staat schon damals auch solche selbst bauen lassen, oder andern dazu Erlaubniß geben konnte.

Letzteres war der Fall wenigstens in den spätern Kaiserzeiten, den nach einer Constitutio des Gordian, Valentinian und Theodosius sollen Bergbau treibende Privatpersonen, welche Gänge (Saxorum venas) auf fremdem Grund und Boden verfolgen, dem Staat den Zehnten und dem Grundbesitzer gleichfalls einen Zehnten der Ausbeute geben.

C. 3. C. de Metallariis.

---

*) Wie z. B. bei Blei-Schmelzhütten.

**) Z. B. für Hütten oder Wäschen.

Cuncti qui per privatorum Loca saxonum venam laboriosis effossionibus persequuntur, decimas Fisco, decimas etiam domino repraesentent: caetero modo propriis desideriis vindicando.

Eine merkwürdige Bestimmung, welche mit spätern gleichartigen Einrichtungen, und mit der Bewilligung von Freikuxen für die Grundherrn im Zusammenhange steht. Uebrigens ist in dieser Stelle zweifelhaft, ob der Gesetzgeber den Fall vor Augen hat, wenn ein auf eignem Grund und Boden Bergbau treibender, mit Strecken seiner Grube unter fremden Grund und Boden gelangt; oder ob die gegebene Bestimmung auch von auf fremdem Grund und Boden erschürften und in Bau genommenen Erzen u. dgl. gilt. Letzteres scheint in sofern zu vermuthen, als es sonst für dergleichen Fälle an aller gesetzlichen Vorschrift fehlen würde, Schürfscheine aber von Staatswegen gegeben wurden, wie L. 6. l. cit. beweist, worin bestimmt ist, daß dergleichen abzuschlagen, wenn sie zum Marmorfinden nachgesucht werden und ein Gebäude bei dem Schürfen untergraben werden müßte.

Die Bergwerke, welche zu den Kaiserlichen Domainen gehörten, wurden theils verpachtet, theils auf Rechnung des Staates verwaltet *).

Die Bergleute bildeten, gleich den Bauleuten, Fabris, Schiffern u. s. w. nach bei den Römern überall beliebten uraltem Kastenwesen entstammten Innungsformen, unter sich Gewerkschaften (Collegia ἑταίρειαι **), welche einzelne

*) Ueber den großen Ertrag der Bergwerke S. die oben allegirten Schriften. Die fest ausgedrückten Summen deuten auf Pacht oder Canon.

**) S. Platneri Diss. de Collegiis opificum apud Romanos und die interessantesten Stellen hierüber gesammelt in Krause 3 ältesten Urkunden u. s. w. Bd. II. Ueber das Gegenstreben mancher Kaiser, z. B. Plin. Ep. lib. X. ep.

Gruben aufnahmen, oder sich zu deren Bau verbungen. Die Gewerkschaften zahlten dem Staat Abgaben. Ein Rescript der Kaiser Valentinian und Valens an den Berghauptmann (Comes Metallorum) Cresconius vom Jahr 365. sagt hierüber

L. c. 6. de Metallariis et metallis.

Perpensa deliberatione ducimus sanciendum, ut quicunque metallorum exercitium velit affluere, is labore *proprio, et sibi* et reipublicae commodo comparet. Itaque si qui sponte confluxerint *) eos laudabilitas tua octonos scrupulos in balluca cogat exsolvere. Quidquid autem amplius colligere potuerint, fisco potissimum distrahant a quo competentia ex largitionibus nostris pretia suscipiant.

Aus dieser Gesetzstelle scheint hervorzugehen, daß die Gewerkschaften in der Regel aus wirklichen Bergleuten bestanden.

Daß die Gewerken jährlich von ihrem Gewinn eine Abgabe von 8 Scrupeln für jede Balluca (12 — 14 Unzen) zahlen sollen, macht es wahrscheinlich, daß das Gesetz bloß auf den Goldbergbau sich bezieht und bei dem übrigen Bergbau das bereits oben erwähnte Verhältniß einer doppelten Zehnten-Entrichtung statt fand.

Wichtig ist, daß bereits in diesem Gesetz der kaiserlichen Chatouille das Vorkaufsrecht des gewonnenen Goldes,

43. und ep. 97. Tit. D. de Collegiis et corporibus, wo die liberalen Verordnungen hierüber sich finden. — Die Gewerken der Goldbergwerke in Dacien kommen unter dem Namen Collegia Aurariorum zu Trajans Zeiten vor. S. Reitemeier Geschichte des Berg- und Hüttenwesens bei den Alten S. 102.

**) Da diese Lesart mit dem C. Theod. stimmt, so ist sie wohl richtiger als die, zu einem Doppelsinn Anlaß gebende *conduxerint*.

gegen einen von ihr zu bestimmenden Preis vorbehalten wird. Es dürfte dies die frühste Spur dieses in fast allen spätern Gesetzgebungen aufgenommenen Vorrechts des Staats an den Erwerb von in dem Lande gewonnenem Gold und Silber seyn.

Die Rechnungsaufsicht über die Bergbautreibenden ersehen wir aus jenem Titul des Codex wenigstens in einigen römischen Provinzen.

L. 4. l. c.

Sie befand sich nämlich in den Händen von Procuratoribus Metallorum, welche aus denen zum Stadtrath verpflichteten Geschlechtern (Curiales) der Städte genommen wurden und unter den Präfecten standen.

Diese Bestimmung ist historisch äußerst merkwürdig, denn sie zeigt uns in dem Römerreich das treue Abbild der Bergwerksverfassung in Deutschland im Mittelalter. Auch hier wurde, wie weiter unten mehr vorkommen wird, die bergpolizeiliche und richterliche Behörde aus dem Rath der Bergstädte gebildet, und ein landesherrlicher Bergmeister oder anderer Beamter führte die oberste Leitung und in den meisten Fällen das Präsidium bei dergleichen Berg-Schöppen Stuhl (Curia Metallariorum) *).

Das Ganze war dem Comes Metallorum (Berghauptmann) untergeben, und da der Zehnte und die Steuer vom Bergbau (die oben erwähnte Abgabe für jede Balluca Gold) in die kaiserliche Chatouille (ad S. Largitiones) floß, so stand der Comes Metallorum unter dem kaiserlichen Schatz-Minister (Comes sacrarum Largitionum) daher auch an diesen letztern nicht nur das obenerwähnte Rescript vom Jahr 392.

L. 5.

---

*) Vergl. Meyers Versuch einer Geschichte der Bergwerks-Verfassung und der Bergrechte des Harzes im Mittelalter 1817. — Klotzsch Ursprung der Bergwerke in Sachsen 1764.

L. 5. l. c.

in Betreff der Besteuerung der Ausbeute, sondern auch ein Rescript des Kaiser Theodosius vom Jahr 424. gerichtet ist, welches letztere eine merkwürdige bergpolizeiliche Verordnung enthält. Es sagt:

Metallarii sive Metallariae, qui, quaeve ea regione deserta ex qua videntur oriundi vel oriundae, ad externam migraverint, indubitanter sine ulla temporis praescriptione ad propriae originis stirpem laremque, una cum sobole revocentur, etiam quos domus nostrae secreta retineant. Sciant autem nullum exinde praejudicium fisco esse generandum, etiam si quis ex his, quem metallicum esse constiterit privatis censibus nomen suum indicerit.

Dieses Gesetz zeigt: daß das Bergvolk keinesweges einer Art von Sklaverei unterlag; daß es aber in Colonien vereinigt war, in solchen unmittelbar unter dem kaiserlichen und keinem Privatpatronat stand und daß die beliebigen Auswanderungen der Bergleute aus einer Provinz in die andere verbothen wurden, weil hierdurch dem Staat Schaden erwuchs, indem es hin und wieder an Bergleuten fehlen mogte.

Eigentlich bildeten die Collegia Metallariorum eine Art Kaste, in denen die Verpflichtung zum Grubenbau als Personal-Prästation mit dem Besitz oder Genuß von besondern Theilnahme- und Schutz-Rechten — vielleicht auch von Grund und Boden — des Fundi, verknüpft war und es enthält das angeführte Verbot gegen das Auswandern aus bergmännischen Colonien, ohne Erlaubniß, nichts härteres als jedes andere Gesetz gegen Emigrationen, oder ein Untersagen des Wegziehens Robotpflichtiger Grundeigenthümer aus der Feldmark *). Daß die Eigenschaft eines

*) Reitmeier a. a. O. S. 107.

Metallarii auch auf seine Kinder forterbte ist nicht befremdend, denn das römische Recht enthält eine Menge Bestimmungen von solchen erblichen Verhältnissen (z. B. bei Curialien, Monitariis u. s. w.) besonders seit der Zeit, wo man Einrichtungen, welche man in den östlichen Provinzen vorfand, verallgemeinerte.

In jenen Colonie-Etablissements liegt das Musterbild der freien Bergstädte des Mittelalters, wie weiter unten weiter vorkommen wird.

Der Umstand, daß bei den Römern gewisse Verbrecher, wie in neuern Zeiten in Rußland, zum Bergbau verurtheilt wurden, hat zu dem Irrthum verleitet, daß das römische Bergvolk überhaupt aus Sklaven bestanden habe; dies ist aber eben so unrichtig, als wenn Jemand behaupten wollte, daß die Matrosen der Seemächte, welche Galeerensklaven haben, Sclaven wären.

Auch widerspricht dieser Ansicht

L. 11. C. de Poenis.

Metalli supplicium tam ad personas liberas quametiam ad serviles pertinet conditiones.

Es war also keine Capitis Diminutio nothwendig, um diese Strafe zu leiden. — Dies wird auch in

Nov. XXII. de Nuptiis, cap. 8.

(v. J. 536.)

deutlich ausgesprochen: worin angeordnet ist,

si — ex Decreto judiciali in Metallum aliquis aut vir aut mulier dari jussus est — — — nullum ab initio benenatorum ex supplicio permittimus fieri servum.

Die Verurtheilung ad metallum hatte daher mit der Verurtheilung in eine Strafanstalt Aehnlichkeit, womit nur unter besondern Umständen, eine Schmälerung der Ehre verbunden ist. —

zu untersuchen *), woher man in dem Römerreich die Grundzüge dieser, durch den Gang der Jahrhunderte so entwickelten Bergwerksverfassung einzeln entnommen, wie schon bestehende Einrichtungen bei dem Bergwesen in von den Römern eroberten Provinzen, zu der Zeit der Eroberung, darauf einwirkten, und in welchem Zusammenhange das römische Bergwesen mit dem ganzen Organismus römischer Staatsverwaltung und Gesetzgebung stand; würde hier zu weit ableiten, auch dürften aus den vorhandenen Quellen kaum theilweise hierüber erschöpfende Resultate zu erlangen seyn.

Ausgebreiteten Staats- und Privat-Bergbau trafen die Barbaren, als sie in die römischen Provinzen an der Donau eindrangen. Allerdings mußte nach der Natur und Art dieses Eindringens der Bergbau an vielen Orten erliegen; doch blieb dies Erliegen wohl oft nicht von langer Dauer, weil die Erzeugnisse grade dieses Zweiges der Betriebsamkeit, auch den Barbaren von Werth und die förmlichen colonieartigen bergmännischen Ansiedlungen in den goldreichen Provinzen nicht so schnell einer durchgängigen Auflösung unterworfen waren. — Wo diese aber erfolgte, da wanderte natürlich das Bergvolk nach ruhigern Gegenden und so diente gerade das Zerstöhren auf dem einen Punkt, zur Belebung auf einem andern. Es wurde Bergbau in Gegenden rege, wohin früher kein Bergmann gekommen.

Vergebliche Mühe würde es seyn, diese Verpflanzung bergmännischer Vereine und einzelner Bergleute, aus einem Lande in das andere, geschichtlich ausmitteln zu wollen.

*) Diese gedrängten Andeutungen reichen für den Zweck der vorliegenden Untersuchung hin, um eine Ansicht der römischen Bergwerks-Verfassung zu gewähren, wie sie in die späteren Völker eingewirkt und übergeflossen.

Für solche Wanderungen eines Gewerbes konnte es unter keinen Umständen einen oder mehrere regelmäßige Wege geben. Zufall, Noth und Speculation entschieden dabei und nur so viel läßt sich als gewiß voraussetzen, daß die meisten Bergleute aus Makedonien, Dacien und Panonien, welche ihre Wohnsitze bei dem Einbruch der Barbaren räumten, sich in mancherlei Zügen, besonders nach Westen über Deutschland verbreitet, hin und wieder aber in Panonien und Transsylvanien, vielleicht auch in Norien als einzelne Genossenschaften nach dem Einwandern der Barbaren zurückgeblieben seyn mögen.

In welcher Gegend aber auch einwandernde Bergleute sich niederließen, da wurden sie überall von den Landesherrn gern gesehen, weil sie den Flor des Landes beförderten, die Masse edler Metalle in dem Umlauf vermehrten und den Vortheil des Staatsschatzes steigerten. — Die Grundsätze von Bergwerks-Regalität, welche sie aus der römischen Verfassung in ihre neue Heimath übertrugen, mußten den Besitzern der Landeshoheit ansprechend scheinen und wenn gleich diese Grundsätze überall mit den Ansprüchen grundherrlicher Eigenthumsrechte in starken Widerspruch geriethen, auch zwischen den Landesherrn und den Grundherrn oft sehr heftige Irrungen anregten *), so mußten sie der Natur der Sache nach, sich doch allmälig Eingang bahnen. Gewalt oder gütige Einigung führten nach und nach Gesetze, Verträge und Abkommen herbei, welche das Verhältniß regelten, und so bildete sich die Bergwerks-Verfassung in Europa auf der Basis von Grundsätzen, Gewohnheiten

*) Wovon sich uns z. B. in den Böhmischen Geschichten die Sage von dem Ritter Hoesyimir bewahrt hat, welcher mit dem Tode gestraft werden sollte, weil er des Landesherrn Bergleute, theils erschlagen theils verjagt hatte, um ihr Schürfen und Fördern auf Privat-Gütern zu rächen.

und Einrichtungen, welche größtentheils aus dem römischen Kaiserreich übertragen waren, theils hier und da auch den Völkern, welche dieses Reich einnahmen, eigen gehörten.

Erste Periode.

Aelteste Zeit — bis 1241.

§. 1. Zeiten vor der Völker-Wanderung.

Schlesiens älteste Zeit deckt längeres Dunkel als die Geschichte benachbarter Länder. Geraume Zeit scheinen zwischen Sümpfen und Wäldern, hauptsächlich an Flüssen, in der Ebne und in Gebirgsthälern, sparsam zerstreute Ansiedlungen von Ackerbauern, Fischern und Jägern, ohne ein engeres Band bestanden zu haben, ehe vermehrte Bevölkerung und vielleicht Einwanderungen, ein solches allmälig in einzelnen Landstrichen herbeiführten. —

Auf den Schlesisch Mährischen Gebirgen, durch die Grafschaft Glatz bis zu dem nordwestlichen Abfall des Riesengebirges hin, saßen zu Tacitus Zeit *), die Volksstämme der Marsigner, Gothiner, Osier, Burer neben den damals Böhmen und Mähren bewohnenden Marcomannen und Quaden, wärend die Lygischen (ihrem Namen und ihren Wohnsitzen nach, wohl mehr den Slaven als den Germanen beizuzählenden) Völkerschaften in dem Flachlande Schlesiens und der Lausitz zerstreut (dispersis Urbibus wie es Tacitus ausdrückt) hausten. — Gothiner und Osier (nach Sprache und Sitte undeutschen Ursprungs) theils den Sarmaten, theils den Quaden zinsbar, müssen, nach diesem Umstand zu urtheilen, die Gebirge, welche Schlesien

*) Tacitus de M. G. c. 43.

und Mähren scheiden bis gegen die heutige ungarische Gränze hin und das flächere Land an deren östlichen Abhang (etwa den Strich Oberschlesiens, welcher jetzt den Beuthner, Pleßner und Gleiwitzer Kreis nebst einem Theil des Oesterreichschen Schlesiens bildet) bevölkert haben und die panonische Sprache der Osier, so wie die gallische der Gothiner, deutet auf die Einwanderung aus dem benachbarten Ungarn, mit dessen Bewohnern alten Stamms, noch heute die sogenannten Gorallen (Bergbewohner) im Teschenschen und dem Fuß der Karpathen entlang, so große Aehnlichkeiten aufweisen.

Daß die Gothinen Eisenerz gruben und verarbeiteten und um dieses Umstandes Willen ihre Zinspflichtigkeit gegen ein, nach dem Zeugniß des Tacitus viel minder gebildetes *) Volk — die Sarmaten — um so schimpflicher schien; bezeichnet die Lage dieser Wohnsitze sehr bestimmt *), obschon übrigens bei der in jenen Gegenden meist üblichen Art des Eisenerzgrabens, mittelst nebeneinander abgeteufter gewöhnlich nicht tiefer Duckeln, in kaum ein Paar Menschenaltern die Spuren solchen Baues verschwinden, folglich auch jetzt nirgend dergleichen, auf einen Ursprung aus so ferner Zeit deutend, aufzufinden sind. Jene Nachricht über den Eisenbergbau der Gothiner ist die älteste sehr unbestimmte Notiz vom Bergbau in Schlesien; sie leitet auf die Vermuthung: daß der Besitz des Eisens diesem Volksstamm einige Handelsberührung gab und Caravanen von ihm eine so gesuchte Waare holten, grade dadurch aber, und durch die weithin offenliegende, weder durch schwierig zu überschreitende Flüsse noch hohe Gebirgszüge gesicherte Gränze, die Abhängigkeit des Stammes veranlaßt oder

---

*) ib. c. 46.

**) Pachaly Schriften über Schlesiens Geschichte 1790. Th. I. S. 12.

doch den Sarmaten und Quaden die Erlangung des Zinses von demselben erleichtert seyn mogte. Ebenso bietet sich die Vermuthung, seitdem entstandenen bergmännischen, wenn auch höchst unbedeutenden Verkehrs mit ungarischem Bergvolk dar.

Doch nicht Vermuthungen, sondern Thatsachen nachgehend, wenden wir uns von jener fernen Zeit ab, von welcher selbst die Menge übriggebliebener Begräbnißplätze uns bisher noch keine Ueberreste von Kunsterzeugnissen dargeboten, welche mit Sicherheit auf einen höhern Grad von technischer Metallgewinnung schließen ließen, da diese Ueberreste zwar bisweilen von Gold und Kupfer, selten von Eisen, allerdings oft mit vielem Fleiß gefertigt, übrigens aber so selten sind, daß man sie als etwas damals für kostbar geachtetes und eben darum für ein fremdes, durch Handel, Beute u. dgl. erworbnes Erzeugniß anerkennen muß, welches zum Theil den benachbarten und vielleicht *), Stammverwandten wendischen kunstfertigern Völkerschaften angehörte. — Den Graphit mit welchem hin und wieder Urnen gefärbt scheinen, mogte man sehr leicht in Schlesien hier und da ohne besondere Mühe aufgefunden und angewendet haben, doch war auch er vielleicht Caravanen-Handels-Artikel und beliebte Farbewaare für mancherlei Gegenstände.

Unentwirrt bleiben uns die Angaben über die Schicksale Schlesiens, während der großen Völkerwanderung und den weitläuftigen Fehden der Nachbarstämme, deren Schauplatz und Gegenstand das Land in den nächstfolgenden Jahrhunderten war, und erst da gewinnen wir für geschichtliche Untersuchungen einen festen Standpunkt, wo wir es als einen Theil des pohlnischen Reichs in dem Moment erblicken, als in dieses Reich, gegen Ende des zehnten Jahrhunderts,

---

*) Barth Urgeschichte Teutschlands Th. II. §. 519.

mit dem Christenthum Sitte und ein gesichererter Rechtszustand Eingang fanden *). Hier treffen wir einen weithin ausgedehnten, wenig geordneten Staat, und an das heutige Wesen in den Ländern der Tartarei erinnernde Einrichtungen. —

§. 2. Aelteste pohlnische Verfassung des Landes.

Sich als erwählten Führer des Heers, das Heer als das eigentliche Volk, und Männer die nicht zu dem Heerbann gehörten als Sklaven betrachtend, war es kriegerischer Gehorsam und kriegerische Verwaltung, worin ein Herzog von Polen in jener Zeit das Verhältniß seiner Unterthanen zu sich und das Wesen seines Regierens erkannte, und in gleichem Sinn regelte sich denn auch die wechselnde Abstufung des Ansehns und der Gewalt bei dem, auf ein wenig gesichertes Familien-Anspruchsrecht gegründeten, nicht zahlreichen und von dem Volk nicht sehr bestimmt geschiedenen, mit Grundbesitz nicht in nothwendigem Zusammenhange stehenden Erbadel, nach dem Umfang seiner Dienstbaren und der Mannschaft, welche der Einzelne im Kriege führte, mehr als nach dem Umfang an eigenem Gebiet, welches nur so weit es nothwendige Bedingung jener Vorzüge war und solche sicherte, bei dem zu dem Ackerbau wenig geneigten Volk, Werth besaß. — Diese eigenthümliche, militairisch-despotische Staatsform, führte nothwendig als Folge herbei, daß alle Besitzesrechte nur in dem Maaß fest schienen, als sie von dem jedesmaligen Landesherrn ertheilt oder anerkannt wurden und blieben.

Des Adels bedeutendsten Glieder bildeten den Rath und die Umgebung des Landesherrn in Krieg und Frieden,

*) Mit kräftigen Zügen ist die älteste Geschichte des Landes geschildert in Menzels Geschichte Schlesiens S. 4.

mit mehr oder minderm Einfluß, nach dem wechselnden Verhältniß des Uebergewichts. Dieses Verhältniß entstand ganz einfach aus dem kriegerischen Ursprung des Staates, und der damit gleichgearteten Verwaltungweise, nach welcher natürlich die Hauptanführer, wenn sie nicht auf besondern Plätzen sich als Befehlshaber befanden, der Person ihres obersten Feldherrn sich anschlossen und dies um so lieber, da sie in seiner Nähe zugleich den meisten Lebensgenuß fanden.

Der große Haufen konnte ohne Schutz nicht bestehen und fand diesen Schutz (aber auch Belastung mit höchst drückenden Diensten und Abgaben) theils auf unmittelbarem Staatsterritorium unter den herzoglichen, Kriegs- und Friedens-Amts-Verwaltung in sich vereinenden Woiwoden, Castellanen und Richtern, theils auf adlichen Gütern, unter Grundherrn, welche, sofern ihre Besitzungen zu eignem Schutz zu gering schienen, sich selbst mächtigern, besonders ihnen blutsverwandten Herrn, als dienstwillige Lehnsmänner schon in sehr früher Zeit, wenn auch ohne ganz fest bestimmte Formen des Lehnrechts, unterordneten.

Unterjochte ursprüngliche Bewohner des Landes, hereingebrachte Kriegsgefangene, erkaufte Leibeigne, verarmte und überwältigte Freie, eingewanderte Vertriebene; das waren ohngefähr die Bestandtheile jenes großen Haufens, welcher, bei sehr ungleicher Vertheilung über das Land, da wo er mächtigen Grundherrn unterthänig und leibeigen war, sich im Ganzen noch erträglicher befand, als wo kleine Herrn, zu schwach für den Schutz und zu bedürftig der Leistungen ihrer Leute, die Lasten solcher Unterthanen streng forderten, oder wo auf den Staatsdomainen die Beamten eigene Forderungen denen für den Landesherrn hinzufügten, und selten Kunde davon nehmen mogten, wie jeder Staatsbeamte und angesehene Kriegsmann ohne Anstand auf seinen Reisen diese Leute als eine Art Gemeingut ansah und plagte.

Grade die größte Anzahl der Landbewohner lebte aber auf Domainengütern schon darum, weil, was nicht förmlich vergeben, für Domaine galt, mithin ihre Ausdehnung überwiegend und für den Landesherrn der Erwerb von solchen Leuten im Krieg und Frieden leichter und vielseitiger war, als selbst für den mächtigsten untergeordneten Grundherrn. — Grade hierin lag der Keim einer möglichen und sich allmälig verwirklichenden höhern Cultur des Landes. Je mehr nämlich die Wichtigkeit von Grundbesitz, als Basis gesicherten und auf die Nachkommen fortzupflanzenden Eigenthums, in einer Zeit nicht lange zu verkennen steht, in welcher noch nicht künstliche finanzielle Ansichten und Operationen, verwickelten und zweifelhaften Geldreichthum dem gediegnen Werth von Grund und Boden anlockend entgegengestellt, desto natürlicher fand sich die Vorliebe zu Ansiedlungen, und während dem gemeinen Bauer dazu, so weit die Leibeigenschaftsrechte seines schon vorhandenen Herrn nicht in den Weg traten, hierzu überall leicht Gelegenheit geboten wurde, kam der Landesherr den Gesuchen größerer Unternehmer, mit Verleihung der Erlaubniß entgegen: auf Staatsdomainen sich Güter zu gründen und diese mit mehr oder minder ausgedehnten Herren-Rechten zu eigen zu besitzen und Unterthanen darauf zu haben.

§. 3. Erstes Einwirken deutscher Cultur.

Das Bedürfniß geregelter Gesetze für privatrechtliche Verhältnisse hält mit der Cultur eines Volks gleichen Schritt, und auf den ersten Stufen solcher Cultur empfängt man gern von einem fremden und Nachbarlande, dessen Gesetze, denen die dort schon länger stattgefundene Anwendung, eine Art von Achtung gebiethender Auctorität verschafft, die man für eigen gegebene Gesetze noch nicht erwarten und fordern könnte.

Diese unter ähnlichen Verhältnissen stets wiederkehrende Erscheinung, ließ in Polen, trotz des Widerwillens des Volks gegen die Deutschen, deutsche Verfassungsformen und das Sachsenrecht Platz greifen, und in dem zwölften Jahrhundert trat mit diesen ein günstigeres Verhältniß für den Landbauer, eine festere Ordnung in dem Städtewesen und ein geregelteres Lehnswesen für den Adel auch in Schlesien ein, wobei allerdings noch lange alte Gewohnheit und neues Recht sich kreuzten und erstere bisweilen das letztere verdunkelte *).

Der Klostergeistlichkeit, welche zeitig in dem damals unwirthbaren Lande, dessen Wohlthäterin sie in mannigfaltiger Hinsicht geworden und durch eine Reihe Jahrhunderte geblieben, Ansiedlungen im Großen ausführte, dankt Schlesien vorzüglich, daß es sich zu Deutschland gewandt und Pohlen in der Bildung früherhin so großen Vorsprung abgewonnen.

Eine Reihe aufeinanderfolgender Regenten-Gemahlinnen aus deutschen Häusern, brachte gleichzeitig Geistliche wie Ritter, als Glieder ihres Hofes mit nach Pohlen und Schlesien, die dann, um des Fürstenhauses und ihres eignen Interesse Willen, nach Kräften in den Staatsämtern, wel-

*) Meister und Reiche, über die Aufnahme und Gültigkeit des Sachsenrechts in Schlesien. Breslau, 1808. — S. 116. — Vater, über die heütige Gränze der bisher behaupteten Gültigkeit des alten Sachsenrechts in Schlesien, u. s. w. Breslau, 1818., wo besonders §. 2., und die dort angeführten Stellen nachzulesen, um die allmälige Einführung des anfänglich mit andern deutschen Rechten vielfach gemengt angenommenen Sachsenrechts in Polen und Schlesien kennen zu lernen.

che man ihnen auftrug, darauf hinwirkten: durch deutsche Formen, Stätigkeit und Ordnung in dem Lande zu begründen.

Wie eben durch diese ununterbrochene Aufeinanderfolge deutscher Fürstinnen und ihres deutschen Hofstaates, polnische Herzoge selbst sich allmälig so zu deutscher Art und Sitte hinüber gewöhnten, und wie die, mit der Trennung der schlesischen von den übrigen polnischen Landen endenden Familien-Fehden der Söhne Boleslav III. hierdurch zwar nicht ihren Ursprung wohl aber Nahrung und Dauer erhielten; gehört nicht unmständlich hieher. Von dem übrigen Theil des polnischen Reichs auf solchem Wege einmal geschieden und nur noch als Bundesstaat damit in einem ziemlich losen Zusammenhange; mußte Schlesien mit schnellen Schritten sich nun immer mehr dem deutschen Wesen hingeben, da es dem Zweige der Piasten-Familie zufiel, in welchem durch die Gemahlin Wladislaw II. die deutsche Bildung rücksichtslos der polnischen vorgezogen, auch den Söhnen Boleslav I. Herzogs von Schlesien, während mehrjährigen Aufenthalts an dem deutschen Kaiserhofe zu Theil geworden war; den Schlesischen Herzogen aber einleuchten mußte, daß sie eben in Verbindungen mit deutschen Fürsten die angemessenste Hülfe im Kampf mit ihren Vettern in Polen finden könnten.

Auf so begonnenen und schon durch Generationen verfolgtem Wege, schritt die heilige Hedwig mächtig fort, und durch ihr von der Geistlichkeit unterstütztes Einwirken geschah es, daß auch, noch ehe der Einfall der mongolisch-tartarischen Horden Schlesien verwüstete, Schaaren deutscher Ansiedler fast aller Stände meist aus dem, damals durch die Fehden des Hauses Hohenstaufen zerrütteten südlichen Deutschland in dies Land einzogen, und heimische Einrichtungen, Gewohnheiten, Künste und Gewerbe mitbrachten. —

§. 4. Erste urkundliche Nachrichten von Schlesischer Bergwerks-Verfassung.

Jener Einfall der Mongolen und Tartaren, bei welchem Schlesien als der Wendepunkt des Glücks dieser Barbaren, auf ihrem Alles verheerenden Zuge in die Abendländer, zuerst in der Weltgeschichte als selbstständiges Land ruhmvoll hervortritt; bezeichnet zugleich den frühsten Moment, wo der Betrieb des Bergbaues in Schlesien nicht nur als vorhanden, sondern auch als schon von einem bedeutenden Umfange, und das Schlesische Bergvolk als eine bestehende Körperschaft erscheint; denn nach allen Chroniken jener Zeit fochten fünfhundert Bergleute von Goldberg in Herzog Heinrich des Frommen Heer, und zwar gemeinsam mit den dabei befindlichen Kreuzfahrern, bei der Schacht von Wahlstatt in dem Vordertreffen und fanden dort theils Tod, theils Gefangenschaft, alle aber verdienten Ruhm ihrer Tapferkeit. — Einig sind die Chroniken darüber, daß diese fünfhundert Bergleute, durch freiwillige Aushebung des fünften Mannes aus der Knappschaft, von dieser aufgestellt worden und diese Angabe ist höchst wahrscheinlich, da sie ganz mit der Art und Weise jener Zeit, Heere aufzubringen (dem Herrbann), stimmt und in andern Ländern, wo Bergbau in bedeutendem Betrieb war, eben in ähnlicher Art bei Kriegen, die Knappschaft sich zu eignen Heerhaufen bildete und an dem Kampf kräftig Antheil nahm.

Nach der eben angenommenen Meinung würde die ganze Knappschaft, aus der jene fünfhundert Männer zu Heinrichs Heer traten, zweitausend fünfhundert Köpfe betragen haben. Dies will manchem Geschichtsforscher zu bedeutend scheinen, um anzunehmen, daß dieses gesammte Bergvolk bei dem Bergbau in der Gegend von Goldberg beschäftigt gewesen, und man hat daher vermuthet, daß die erwähnte Mannschaft auf das damals in allen Gegenden von Schlesien zusammengenommen vorhanden gewesene Bergvolk zu berechnen sey. Diese Vermuthung verdient aber wenig Glauben.

Zuvörderst nämlich darf nicht übersehen werden, daß wenn die Chroniken jene knappschaftlichen Kämpfer, als „von Goldberg" bezeichnen, diese Bezeichnung eben so wenig ganz wörtlich auf das Goldberger Weichbild zu beziehen ist, als man heut zu Tage z. B. wenn in dem gemeinen Leben von Tarnowitzer oder Waldenburger Bergleuten gesprochen wird, darunter nur Bergleute versteht, welche an den gedachten Hauptörtern der beiden Reviere wohnen. Der Goldbergbau, welcher meist auf einem goldführenden Sandflötz und durch Auswaschen des davon geförderten, so wie des in der Gegend vorkommenden goldhaltigen Flußsandes, um Goldberg getrieben ward, fand ebenso um Löwenberg und überhaupt in einer mehrere Meilen weiten Ausdehnung statt und man darf wohl mit Recht bei diesem Bergbau an ein Goldberger Revier — doch nicht ganz in heutigem Sinne des Wortes — denken. Der ganze Bergbau dieser Gegend war ursprünglich Eigenthum der Landesherren, obschon — wie weiter unten mit Mehrerem vorkommen wird, — dieselben ihn gewissermaßen freigegeben und die Grundbesitzer Genuß davon hatten; folglich konnte man leicht den gesammten Goldbergbau der ganzen Gegend unter der Benennung „Goldberger" umfassen.

Daß Löwenberger in der Wahlstätter Schlacht mitgefochten, wie ihr Unterthänigkeits-Verhältniß es mit sich brachte, unterliegt keinem Zweifel; namentlich fiel in jener Schlacht ihr Thomas *).

Wollte man diese Ansicht bestreiten, so ließe sich dage-

*) Löwenberger Stadtbuch Blatt 79. S. Sutorius Geschichte von Löwenberg (Bunzlau, 1784). Theil I. S. 32.

gen anführen, daß Goldberg und Löwenberg zwei Castellaneien gebildet und daß, da nach der Schlesisch-Polnischen Verfassung jeder Castellan in seiner Castellanei, neben seinen übrigen Funktionen auch alle Verwaltungszweige leitete, folglich auch das Bergwesen unter ihm stand, man mit dem Ausdrucke „Goldberger Bergleute" schwerlich die Löwenberger mit umfaßt habe. — Aber selbst wenn man diese Ansicht der oben aufgestellten vorzieht, wird man sich nicht veranlaßt finden, die Angabe der alten Geschichtsschreiber über die Anzahl der in die Wahlstätter Schlacht gezogenen Bergleute für übertrieben zu achten, sobald man beachtet, daß zu einer Zeit, wo dem Bergbau nur höchst beschränkte mechanische Hülfsmittel für Förderung, Wassergewältigung und Aufbereitung zu Gebote standen, die Anzahl der von ihm in Anspruch genommenen Menschenhände ungleich größer seyn mußte als jetzt; wozu noch kam, daß nach der — weiter unten näher zu erörternden, — eigenthümlichen Verfassung der Bergstädte, alle Bürger solcher Städte, wenn sie auch nicht sämmtlich selbst den Fäustel führten, doch wegen ihrer unmittelbaren Theilnahme an dem Bergbau und mindestens an der Vorsorge für die Bedürfnisse des Bergvolks, Glieder der Knappschaft, folglich bei dem Zählen derselben mitgerechnet waren. — Daß aber zu jener Zeit der Bergbau bei Löwenberg und Goldberg und der Gewinn aus ihm wirklich wichtig gewesen, darüber läßt die Geschichte keinen Zweifel, so wie die noch sehr sichtbaren Spuren einer ungeheuren Menge von Duckeln in jener Gegend, die Lebhaftigkeit eines Betriebs bekunden, welcher an sich sehr einfach und dadurch natürlich um so ergiebiger, vielleicht bei einem geregelten kunstgerechten Angriff zu der Zeit, als das Gold gegen Silber in einem hohen Werthverhältniß stand, eine noch bedeutendere Ausbeute gewährt haben würde, als man diesem Bergbau in seinem höchsten Flor zuschreibt und als er bei dem Sinken jenes Werthsverhältnisses nicht wieder bekommen konnte, so lange nicht etwa einst auf chemischem oder mechanischem Wege, einfachere und wohlfeilere Mittel zu Ausscheidung des Goldes aus dem Sandflötz, in welchem es vorkommt, entdeckt werden, als die sind, welche wir bisjetzt besitzen.

Daß dem Bergbau um Goldberg, zur Zeit der Schlacht von Wahlstatt, in spätern Zeiten eine übertriebene Ausbeute von 150 Pfund Gold wöchentlich, zugeschrieben worden *), entstand aus der so gewöhnlichen Lust, Erscheinungen der Vergangenheit zu verschönern und zu vergrößern. — Dafür, daß Deutsche es waren, welche den Goldberger Bergbau aufnahmen, sprechen nicht nur die Namen des Ortes (von dem neben dem deutschen kein slavischer irgend wo — wie bei vielen andern schlesischen Städten und Dörfern der Fall ist — vorkommt), sondern auch der Umstand, daß jene Gegend überall sehr früh deutsche Bevölkerung erhalten hat.

Nach einem alten Manuscript soll Goldberg **) und der ganze dortige Bergbau durch die Hedwig (also nach 1186) seine Entstehung erhalten und die Ausbeute sehr bald wöchentlich 120 (ja sogar einmal 160) Mark Goldes betragen haben und Kirche und andere öffentliche Gebäude in Goldberg sollen von der Ausbeute erbaut worden seyn. Rechnet man die Mark Goldes = 64 Dukaten und das Jahr (nach Abzug damaliger Feiertage) = 52 Wochen, so wäre jene Ausbeute jährlich = 6000 Mark oder 384 000 Dukaten, welches für den damaligen Werth des Goldes eine ungeheure Summe darstellt und unwahrscheinlich ist. Näher dürfte man

---

*) Von Ramsler S. Thebesii Liegnitzsche Jahrbüher Th. I. S. 39.

**) S. Volkmann Siles. subterranea T. II. C. 1. §. 2. p. 199.

man der Wahrheit kommen, wenn man annimmt, daß die Nachricht *) gegründet: es habe die Stadt Goldberg wöchentlich von dem gewonnenen Golde eine Mark erhalten und wenn man dies als einen Zehnten betrachtet. — Daß diese Abgabe Zehnt gewesen, nimmt schon Michael Prach (in seiner Oratio de Goldberg 1597.) an. — Hiernach waren jährlich etwa 500 Mark Gold = 32,000 Dukaten gewonnen worden, wobei sich noch fragen dürfte: ob man den Zehnten vom Netto oder Brutto=Ertrag berechnete.

Wie umfassend eigentlich der Löwenberger Goldbergbau jener Zeit, und wie bedeutend die davon erlangte Ausbeute gewesen; darüber fehlt es an Nachrichten; doch ist, was das erstere betrifft, wenigstens außer Zweifel: daß ein sehr bedeutender Waldbezirk bei Löwenberg, von dem darin getriebenen Bergbau, schon zu Herzog Heinrich I. Zeit, also vor der Wahlstätter Schlacht, den Namen „Zeche" führte **) auch alle ältern Geschichtsschreiber legen den Bergleuten (d. h. in damaligem Sinn „den Gewerkschaften") den wichtigsten Antheil an dem Bau und dem Aufleben von Löwenberg bei.

Daß übrigens, als nach der Wahlstätter Schlacht der Schlesische Bergbau wieder in Aufnahme kam, auch um Löwenberg bald wieder Bergbau rege gemacht auch eifrig betrieben wurde, geht aus dem Umstände hervor, daß an dem Tage S. Wendelin 1280 ***) die Bergleute (Gewerken) zu Löwenberg, weil sie mit dem dortigen Castellan oder Burggrafen Wiglas Schoff, wegen der herzoglichen Hebungen von dem Löwenberger Bergbau in Streit gerathen, die dortige herzogliche Burg stürmten auch den Wiglas Schoff todtschlugen.

---

*) S. Thebesius a. a. O. S. 39.

**) Sutorius a. a. O. S. 30.

***) S. die Zeitschrift Hertha Bd. V. Heft. 3. Abth. 2.

Außer um Goldberg und Löwenberg, fand zwar zu der Zeit der Wahlstätter Schlacht an mehreren andern Punkten in Niederschlesien Bergbau statt, namentlich sollen bei Kupferberg, — wo schon 1156 unter dem deutschem Bergmeister Laurentius Angel auf 160 angeblichen Gängen (Schächten?) eben so viel Buden (Kauen) gestanden und 70 Schmelzhütten in Gange gewesen; — desgleichen bei Schmiedeberg, seit 1148, bedeutende Eisenwerke durch eben diesen Angel in Betrieb gekommen seyn; diese Nachrichten sind aber nicht gehörig documentirt. Daß übrigens bei den Erzählungen von der Wahlstätter Schlacht von Kupferberger und Schmiedeberger Bergleuten keine Erwähnung geschieht, widerlegt solche nicht, denn es ist sehr möglich, daß von letztgedachten Werken die Knappschaft zu Vertheidigung jener Gegenden bestimmt blieb und darum nicht nach Liegnitz zu dem Hauptheere zog. Eben dies dürfte mit der Reichensteiner Knappschaft der Fall, solche aber auch damals nur unbedeutend gewesen seyn, sofern überhaupt der Reichensteiner Bergbau nicht erst nach der Wahlstätter Schlacht — wie wahrscheinlich — aufgenommen wurde.

In Oberschlesien betrieb man zu der Zeit der Wahlstätter Schlacht Bleibergbau und Förderung, welche nur wenig wirkliche technisch gebildete Bergleute, meist bloß gemeine Arbeiter erforderten. Diese konnten — wenn sie wirklich dem Heere des Herzog Heinrich zugezogen wären — nicht füglich in der Abtheilung niederschlesischer Bergleute ihre Stelle finden, sondern sie gehörten, nach den Begriffen der Heeresfolge, in die Schaar ihres eignen Landesherrn, des

---

*) Sie befinden sich in Ephraim Ignatii Nasonis Phoenix redivivus Ducatuum Suidnicensis et Jauroviensis etc. Breslau, 1667. S. 133. 220. — Auch in Lucae Schlesischen curiösen Denkwürdigkeiten oder Chronica von Ober- und Niederschlesien. Frankfurth a. M. 1689. S. 2183.

Herzog Mincislaw von Oppeln, folglich in das erste Treffen jenes Heeres, nach der uns von den Geschichtsschreibern überlieferten Schlachtordnung desselben. Sehr möglich ist es übrigens, daß von diesen Erzgräbern keine oder nur wenige nach Liegnitz gelangten, weil Mincislaw bereits, ehe er mit dem Rest seiner Mannschaft nach Liegnitz zog, von den Tartaren eine Niederlage in seinem eigenen Lande erlitten hatte.

Eine Andeutung, daß schon im zwölften Jahrhundert in Schlesien, von in dem Lande gewonnenen Gold und Silber, eine eigne Münze geprägt worden, hat Klose aus der Vita B. Ottonis angeführt, wo von einer Landesmünze (Moneta illius Terrae) die Rede ist. — Wo zu der Zeit des verheerenden Einfalls der Mongolen und Tartaren sich in Schlesien Bergwerke fanden, da konnte es nicht fehlen, daß sie wegen des Verlustes an Leuten, Verwüstung der Gegend, Zerstörung der Hütten, Stockung des Verkehrs, und wohl meist wegen des durch die zuerst genannten dieser Verhältnisse herbeigeführten Aufgehens der Wasser und Verbrechens der Strecken, großentheils auflässig wurden, während von den Mongolen und Tataren in die Gefangenschaft fortgeschleppte schlesische Bergleute, die Gruben in Kolywann und Nertschinsk in Aufnahme brachten.

§. 5. Aelteste Spuren Schlesischer Bergwerks-Gesetze.

In der so eben schnell überblickten Periode, in welcher der Schlesische Bergbau begann, besaß Polen noch kein geschriebenes Landesgesetz, dergleichen es erst zu Casimir des Großen Zeit erhielt. Observanzen, örtliche Statuten und

---

*) Documentirte Geschichte von Breslau. Breslau 1781. Bd. I. S. 302.

**) S. Pachaly a. a. O. Bd. II. S. 31.

Handfesten regelten die Rechtsverhältnisse aller Art. Durch diese und durch das Zurückgehen auf geschriebene ausländische Gesetze, hatte sich jedoch allerdings neben den Special-Rechten ein gemeines Recht, sowohl in Beziehung auf Staats- als auf Privatverhältnisse ausgebildet, welches in den polnischen Provinzen ziemlich allgemein das nämliche war, weil ihm in allen die nämlichen fremden Rechte, insbesondere das Sachsenrecht, zur Grundlage dienten. — Ueber das Schlesische gemeine Staats-Berg-Recht der vorliegenden Periode, enthält die Handfeste des Stadtrechts von Culm *) d. d. Kal. Jan. 1233. eine merkwürdige Angabe. In dieser Handfeste sagt nämlich der deutsche Orden: „Retinemus enim Domui nostrae in bonis eorum (auf den „Culmer Gütern) omnes Lacus, castores, venas salis, auri „argentique fodinas et omne genus metalli praeter „ferrum; ita tamen ut inventor auri, sive in cuius „bonis inventum fuerit, ius habeat quod in terra du-„cis Silesiae in huius modi talibus est con-„cessum.“ Hier wird also das Schlesische Bergrecht als Norm aufgestellt und es scheint, daß selbst Begriff und Umfang des Bergregalitäts-Rechts des Staates in dieser Stelle aus jenem Schlesischen Bergrecht entlehnt worden, wenigstens ist es merkwürdig, daß grade Eisen und nur dieses, von den Objekten des Staats-Berg-Regals ausdrücklich ausgeschlossen wird, welches mit der, Hinsichts dieses Metalls, in Schlesien geltenden Verfassung übereinkommt.

Die Rechte der Grundeigenthümer in Schlesien, auf deren Territorium Gold gefunden wurde, welche die ebengedachte Urkunde auch für das Culmer Stadtgebiet anordnet, gehen übrigens aus dem Bergrecht hervor, welches bereits Herzog Heinrich der Bärtige für den Goldberg-

*) Hartknochs alt- und neues Preußen S. 660.

bau bei Löwenberg, also nicht nur vor der Tartarschlacht und vor dem erwähnten Culmer Stadtrecht, sondern vermuthlich schon um 1217 ertheilte, wo dieser Herzog der Stadt Löwenberg einen bedeutenden Wald schenkte, welcher von dem in demselben umgehenden Goldbergbau „die Zeche" genannt wurde.

Wir können unbedenklich annehmen, daß wir dies Löwenberger Bergrecht in einer vollkommen authentischen Schrift besitzen, den es befindet sich solches *) in dem Löwenberger Stadtbuche (Blatt 148.), von welchem Sutorius erwiesen, daß es nicht nur ein unverfälschtes Original, sondern auch, daß es spätestens einige Zeit vor dem Jahr 1278 niedergeschrieben oder geschlossen worden. Dort lautet das in Rede stehende Bergrecht folgender Gestalt **).

„Von allerhand Goldrechte."

„Ein itzlich man mac golt suchen in allen vrien
„zechen unde in allen puschen mit des Wazzer-
„meisters Laube"

Der Goldbergbau war also in das Freie erklärt, und auch auf Staats-Forst-Gründen durfte man nach Gold suchen, durchgehends aber war dazu die Erlaubniß des Bergbeamten nöthig, welcher hier — wie anderwärts, wo man für das Zu-gutmachen vorzüglich Wäschen bedurfte — der Wassermeister genannt ward.

„Alle Dorfweide unde viewege unde Land-
„strazen, die sint vrie des vursten (Fürsten) zu sine

---

*) S. Sutorius Geschichte von Löwenberg (Bunzlau, 1784.) Th. I. S. 21.

**) Sutorius a. a. O. S. 30. hat daraus nur ein Paar Stellen geliefert, vollständig ist es abgedruckt in der literarischen Beilage zu den Schlesischen Provinzial-Blättern, März, 1798 in einem Aufsatz mit der Unterschrift: „Kleine „mineralogische Wanderungen."

„goltwerke. Wer abir die Landstrazzen od' den „wec ime Dorf od' den viewec brichet durch golt„werks willen d' sal in wid' machen."

Diese Stelle, in Verbindung mit der sogleich folgenden, ordnet eigentlich einen Unterschied zwischen unbedingt- und bedingt-bergfreiem Felde, indem sie in letzterem, nämlich auf allen wirklichen Privat-Grundstücken dem Eigenthümer ein Vorzugsrecht auf den Betrieb von Goldbergbau einräumt, sofern er dazu ordnungsmäßig des Wassermeisters Erlaubniß sich erwirkt. Die Worte lauten:

„Welch man uf sine ackirn suchen will nach „golde her mac iz wol tun mit des Wazzirmei„sters gunst, grebit her ab' ane laube des Waz„zirmeisters, so mac da grabin all' hande ma „(Jedermann) mit rechte."

Also auch der Grundeigenthümer bedurfte, für das Treiben von Bergbau auf eigenem Territorium der Genehmigung des Staates, und wenn er sie umging, ward dies Territorium ein unbedingt bergfreies.

„Wa der phluc (Pflug) unde eide (Egge) unde „sense get, da sal nimat golt suchen ane des „gunst des d' achir (der Acker) ist. Daz recht hat „Bergwerg nicht."

Der Grundsatz, daß Fossilien, welche über Tage, oder nicht tiefer als eine Plugfurche unter Tage, gefunden werden, dem Eigenthümer des Grund und Bodens anheim gegeben bleiben; ist uralten deutschen Rechtens, wahrscheinlich aus römischer Legislation herrührend, und zum Theil Folge von dem Verschmelzen des Begriffes von gemeinen Schätzen mit dem Begriff von Bergwerks-Schätzen. Bei beiden dachte man sich ein Verborgenseyn als nothwendig, wovon natürlich bei Gegenständen über, oder ganz unmittelbar unter Tage, nicht die Rede ist.

„Findet man aber golt uf eines mannes
„ackir des sal man ime gebin ein vri virteil.
„Das virteil sal h' mit sinn herren teilen unde
„sin herre sal ime dadurch sin gut also na legin
„daz h' is gewesen nuze."

Ein volles Viertheil jeder Zeche bestand also in grundherrlichen Freikuxen, welche, wenn der Boden, worauf die Grube umging, bäuerliches Besitzthum war, zwischen dem bäuerlichen und dem Ober-Eigenthümer getheilt wurden! Dieses Verhältniß hat sich in solcher Gestalt weder sehr ausgebreitet noch erhalten, denn nur wenig Spuren kommen anderwärts *) vor, wo Genuß von Freikuxen nicht bloß dem Ober-Eigenthümer (Gutsherrn), sondern auch dem gemeinen Besitzer des Bodens zu Theil geworden.

„Zu derselbin zeche sal man haben einen stik
zu wazzer unde zu holze."

Die Erlaubniß, welche eine Gewerkschaft erhielt, Gold-Bergbau zu treiben (nach heutigem Ausdruck „die Belehnung"), sollte allemal zugleich auf ein bestimmtes Wasser (für die Wäsche), und auf einen bestimmten Forsttheil (zu Grubenholz) gerichtet werden; beides offenbar, um endlosem Gezänk und übelberechneten Unternehmungen solcher Art vorzubeugen, indem die Erlaubniß nicht erfolgte, wenn der sie Nachsuchende nicht erwies: daß er über das nöthige Wasser und Holz für seinen beabsichtigten Betrieb verfügen könne.

„Von welch' zeche man teilgolt gibit di in
„sal nemand ibinen, wenne mit des vursten
„gunst od' mit des wazzirmeisters."

Man mag unter dem Ausdrucke „Theilgold" Natural-

*) Von dergleichen bei dem Blei- und Silber-Bergbau in der Standesherrschaft Beuthen, wird weiter unten Erwähnung geschehen.

Ausbeute oder auch Zehnten verstehen; so ist in beiderlei Fall die vorstehende bergpolizeiliche Bestimmung gegen das Verstürzen fündiger Gruben sehr zweckmäßig, besonders da grade bei einem Bergbau, welcher so einfach, wie damals unstreitig der Löwenberger, durch nicht tiefes Schacht-Abteufen und kurze Strecken, betrieben wurde, leicht eine Gewerkschaft durch Verstürzen eines wenig fündigen Schachtes in der Nähe Gewinn zu machen glauben, dadurch aber Gold ungewonnen bleiben konnte.

„Der Wazzirmeister hat die gewalt sin Dinc
„(Gericht) zu legine in die stat mit d' knappin
„rate wenne h' wil unde widir uff die zeche."

Bei der Ausdehnung des Goldbergbaues um Löwenberg, und da man in jener Zeit Gericht, auch in Bergwerks- wie in andern Sachen mit Schöppen hielt, konnte es allerdings zu Zeiten gerathen seyn, das Berggericht auf der Grube, zu andern Zeiten aber es in der Stadt zu hegen; mit andern Worten, dem Wassermeister frei zu stellen, Sachen an Ort und Stelle abzumachen, bei denen solches zweckmäßig schien. Unter dem Ausdruck „Knappen" sind hier die Gewerken zu verstehen, da solche den Bergbau mit eigner Hand trieben, oder doch zu der Knappschaft gehörten.

„Wird ein zeche bin eines mannes lachen
„von ruher wurceln gemacht. 'vliget sie sich
„darnach jar und tac unde zuschit sie d' man bin-
„nin des lachen sie liet und ebiet sie. unde vert
„dar über mit sine pfluge unde mit eiden unde
„mit sin sensin. jar unde tac ane rechte wid'-
„sprache. wil man dar nach golt da grabin. daz
„mag ma tan mit des mannes wille mit solchem
„rechte also hiervor geredit ist."

Oder mit andern Worten:

Wenn eine Zeche über Jahr und Tag auflässig bleibt und ihr Feld mit Gehölz bewächst oder beackert wird, so hat, wenn sie Jemand wieder aufnehmen will, der Besitzer des Bodens dabei die nämlichen Vorrechte, welche ihm zustehen, wenn eine neue Grube auf seinem Territorium aufgenommen wird. —

In wiefern diese für den Goldbergbau um Löwenberg damals geltenden Bergrechte auch für den Goldbergbau um Goldberg galten, ist zwar nicht ausgesprochen, allerdings aber nach den örtlichen Verhältnissen eine solche Ausdehnung ihrer Anwendung sehr zu vermuthen. Volle Gewißheit hierüber wäre zu erlangen, wenn sich jemals die Ur- oder eine Abschrift derjenigen Aussagen auffände, welche die Geschwornen *) zu Liegnitz, Goldberg und Haynau vor dem Rath zu Liegnitz 1342 über die Rechtsverhältnisse bei dem Goldbergbau in dem Fürstenthum Liegnitz ablegten. Von dieser Aussage ist nur der Eingang bekannt. Dieser lautet:

„Unse Herrn Herzog Wentzlaw und Herzog Ludwig „haben uns uf unser Eit gegeben und uf unse True, di „wir yn schuldig syn, uns Burgern von Legnitz, von Gold„berg und von Haynav was uns wissentlich sy von Gold„werks-Rechte zu dem Goldberge was von Alder Recht „da gewest sy.“

Diese Urkunde befand sich noch zu der Zeit des Lieg-

*) Muß man diese „Geschwornen“ immerhin für bloße Raths- und nicht etwa für eigentliche Berg-Geschworne nehmen, so bleibt doch aus der Benennung derselben in den erwähnten drei Städten, die ohngefähre geographische Ausdehnung, in welcher man zu jener Zeit Goldwäscherei um Goldberg trieb, zu erfahren. — Löwenberg ist nicht genannt, weil es nicht zu dem Fürstenthum Liegnitz, sondern zu dem Fürstenthum Jauer gehörte, welches 1342 einen andern Herren als jenes besaß.

nitzschen Geschichtsschreibers Thebesius *) (1688) vollständig in der alten Liegnitzschen Raths-Matricul, welche nach den eingegangenen Nachrichten, in einem, das Liegnitzer Rathhaus betroffenen Brande, oder auf andere Weise verloren gegangen ist.

Andere Spuren von Bergwerks-Gesetzen in Nieder-Schlesien, welche der vorliegenden ältesten Periode angehören, habe ich nicht aufgefunden; was aber Ober-Schlesien betrifft, so galten damals bei dem Bergbau um Beuthen, welcher schon 1230 auf Blei und Silber getrieben ward, polnische Bergwerks-Rechts-Gewohnheiten, als örtliches Bergrecht, daher man in spätern Zeiten sich noch auf solche altpolnische Bergwerks-Gewohnheiten dort berief **). — Hiernach wäre für jene Gegend von Beuthen anzunehmen, daß der Landesherr das Berg-Regale besaß und beliebig Gruben verleihen, jeder Grundherr aber auch auf seinem Grund und Boden dergleichen beliebig selbst aufnehmen konnte; in dem einen, wie in dem andern Fall, der Landesherr von der reinen Ausbeute den Zehnten empfing, dem Grundherrn aber den vierten Theil dieses Zehnten (statt der spätern Freikuxe) überließ, und dem Grundherrn ein Vorzugs-Anspruch auf Empfang der Belehnung einer Grube auf seinem Gute zugestanden wurde.

Genaueres über jene polnischen Bergrechts-Gewohnheiten aus Schlesischen Urkunden jener Zeit zu ermitteln, auch mehrere, die damalige Berg-Verfassung in Ober-Schlesien aufhellende Data zu sammeln, habe ich nicht vermogt.

Alle einzelnen Bestimmungen und Regeln, welche der Bergbau und die dabei vorfallenden Streitigkeiten erforder-

---

*) S. Thebesii Liegnitzsche Jahrbücher (Jauer 1733) S. 40.

**) S. Abts Geschichte des Bergbaues um Tarnowitz und Beuthen. Manuscript.

ten, wurden in jener Zeit von dem Bergvolk natürlich von daher entnommen, von woher dasselbe nach Schlesien einwanderte, und von woher es eine Menge der noch heut in Deutschland üblichen technischen Ausdrücke mitbrachte, nämlich aus Ungarn und Böhmen *). Diese einwandernden Bergleute, oder wohl richtiger bergmännischen Vereine, Genossenschaften, waren aberenichts anders als Zweige der ursprünglich altrömischen Collegia Metallariorum, welche durch die eingedrungenen Barbaren aus ihren Wohnsitzen gedrängt, sich in dem Verlauf der Jahrhunderte allmälig in verschiedenen Richtungen durch den größern Theil von Europa ausgebreitet hatten **), und da wo sie sich niederließen, ihre bisherigen Einrichtungen und Rechts-Gewohnheiten möglichst bewahrten und fortpflanzten. — Nicht ohne Grund ist daher wohl anzunehmen, daß in jener frühen Periode die Bergwerks-Verfassung in Schlesien von der in andern Ländern, welche ihre Bergleute aus gleichem Stamm erhalten hatten, nicht sehr abwich, und so erscheinen uns die wenigen geschriebenen Berg-Gesetze derselben Zeit, welche Ungarn, Böhmen und süddeutsche Gegenden angehen, als Quellen aus denen einzelne ziemlich sichere Grundzüge für ein Bild der damaligen Schlesischen Bergwerks-Verfassung zu schöpfen sind; weshalb sie hier einige Erörterung verdienen.

§. 6. Hülfsmittel für die Kenntniß ältester Schlesischer Bergwerks-Gesetze und Verfassung aus fremden Ländern.

Die ältesten geschriebenen deutschen Bergwerks Verordnungen sind in Tyrol zu finden, also in einem Lande, wel-

---

*) Vergl. (Klotzsch) Ursprung der Bergwerke in Sachsen. Chemnitz, 1764. S. 47. S. 42. S. 78.

**) Vergl. Gmelins Beiträge zur Geschichte des deutschen Bergbaues. Halle, 1783.

ches als das Vaterland der heiligen Hedwig anzusehen ist und wo Bergbau seit der Römer Zeit wohl ununterbrochen, wenn gleich beschränkt, fortgedauert zu haben scheint *). Diese Verordnungen und die mit ihnen als gleichartig anzusehenden Bergwerks-Belehnungen sind namentlich:

1. Das Abkommen des Bischoffs Albrecht von Trident mit den Bevollmächtigten der Gewerkschaften bei den dortigen Silber-Bergwerken von 1185.

2. Die Verleihung Kaiser Friedrich I. an das Bisthum Trident über das Bergregale der in gedachtem Bisthum vorkommenden Silberbergwerke von 1189.

3. Bischoff Friedrich von Trident Bergwerks-Ordnung von 1208. (Carta Laudamentorum et Portarum facta in facto Argentine) ingleichen

4. Das Bergurtheil der Bergrichter zu Trident vom 26. Mai 1213. (Carta de Porta et Jure Montis).

5. Kaiser Friedrich II. Bestätigungsbrief der Bergwerksfreiheiten für den Bischoff Conrad zu Brixen vom 27sten Juni 1214.

6. Kaiser Friedrich II. Verleilungsbrief für das Bisthum Brixen auf alle Erze und Salz-Bergwerke in gedachtem Bisthum vom 29sten December 1218.

Diese 6 Urkunden**) gewähren eine ziemlich klare Darstellung der damaligen Bergwerksverfassung und Bergrechte in jenem Lande.

Der Kaiser wurde — Hinsichts der sogenannten edlen Metalle — (II Feud. 56.) als eigentlicher Bergherr betrachtet, die Bischöfe — als Landes-Territorial-Herrn — erwarben die Regalitäts-Rechte darüber erst durch seine be-

*) Vergl. Mosch Versuch einer Geschichte des ältesten Bergbaues in Deutschland.

**) Sämmtlich abgedruckt in v. Sperges Tyrolischen Bergwerks-Geschichte. Wien, 1765. S. 263.

sondere Verleihung, wobei er sich in der Urkunde Nr. 6. für künftige Zeiten Halbscheid der Ausbeute vorbehielt.

Der mit dem Bergregal von dem Reichsoberhaupt beliehene Territorial-Landesherr erklärte den Bergbau frei, indem er Jedermann daran gegen eine jährliche Abgabe (eine Art Gewerbesteuer) und Vorbehalt außerordentlicher Beisteuern in Nothfällen des Landes, die Theilnahme gestattete. Jene Abgabe betrug jährlich für jeden Gewerken (Werche) 2 Talente (deren eins 20 alte schwere Silbergroschen), für jeden Beamten oder Aufseher, Schaffer (Xaffar) ein Talent, für jeden selbstständigen Wäscher (Wassar) zwei Talente, für jeden Dienst- oder Gedinge-Wäscher ein Talent, für jeden Schmelzer zwei Talente, für jeden Kiehn-Lieferer und Köhler (Kener et Carbonarius), so wie für jeden Bergarbeiter, zehn Schilling (Solidos), wogegen alle Bergleute von jeder Privatjurisdiction in Civil- und Criminal-Fällen eximirt, nur der unmittelbaren Gerichtsbarkeit des Bischoffs als Landesherrn unterworfen, seines unmittelbaren kräftigen Schutzes und Schirms versichert, von allen Abgaben, Lasten und Ehrungen (Placidis, Honoribus sive Muncribus) völlig frei waren und freien Ab- und Zu-Zug genossen.

Nur Gewerken, welche Zehn Pfund Lehnszinse (pro Fisco) dem Landesherrn zahlte, durfte einen eignen Schichtmeister (Manualis) und diesen nur für seine eignen Geschäfte, sich halten.

Wer Gewerke seyn wollte, mußte Bürger zu Trident seyn, und nur in dieser Stadt durfte Erzhandel geschlossen werden.

Außerdem noch enthalten jene Urkunden mehrere erhebliche, doch meist auf Oertlichkeit sich beziehende und nicht eigentlich die Tyroler Bergwerks-Verfassung darlegende Bestimmungen.

Der landesherrliche höchste Beamte der Stadt (Gastaldus) mit geschwornen Beisitzern aus der Zahl der Gewerken und nach Umständen unter Zuziehung von Schöppen, entschied in Bergrechts-Streitigkeiten. — Dergleichen Entscheidungen waren mehr schiedsrichterliche als wirklich juridische; erschienen aber die Sachen besonders wichtig, oder wollten die Partheien sich dem bloßen schiedsrichterlichen Ausspruch nicht fügen, so wurde — nach der damals allgemeinen Einrichtung, Rechts-Aussprüche bei Schöppenstühlen zu holen, — Bergrechtliche Urtel bei dem Rath besonders berühmter Berg-Städte geschöpft. Dies geschah bekanntlich in jenem Zeitalter, besonders bei dem Rath zu Iglau, bei welchem eine Anzahl bergrechtlicher Entscheidungen und Observanzen in einem, lange Zeit geheim gehaltenen und erst späterhin in Abschrift an andere Bergstädte mitgetheilten Buche, dem gemeinen deutschen Bergrecht größtentheils die Entstehung gaben *). Dies alte Iglauer Bergrecht, aus der ersten Hälfte des dreizehnten Jahrhunderts, enthält über die damalige Verfassung mehrere interessante Andeutungen. Namentlich geht daraus die Freiheit des Bergvolks hervor, über welches, und über alle Bergsachen, der Bergmeister mit Schöppen Recht spricht, der aber unter dem landesherrlichen Urbarer steht und von diesem — jedoch nur mit Zustimmung der Gewerken — ernannt wird.

Ueber Stollenrechte ist in dieser Bergordnung mehreres verfügt, und Erbstollenteufe (14 Lachter) und vierter Pfennig verordnet.

Ein sehr interessantes Document, welches hier wegen seiner klaren Fassung und wegen der daraus zu entnehmenden damaligen Ansichten von dem Retardatswesen hier Erwähnung verdient, ist eine Urkunde vom Jahr 1216 *), in

*) S. Bergmännisches Journal von 1789. S. 527. u. f.

**) Abgedruckt in Thomas Wagners Corpus Juris metallici. Leipzig, 179 . S. 32.

welcher der Abt Gottfried zu Admont den Bergbau zu Eisenärzt in Lehn giebt. Diese Urkunde enthält folgende Bestimmungen für die Lehnsträger Meynhard und Heinrich von Pulndorf und Gottfried „et ipsorum socios.“ Sobald der Bergbau Ausbeute geben wird,

„— cum divina Clementia ibidem Lucrum ex ipso-
„rum Labore demonstraverit,

soll eine bestimmte Summe als Einstandsgeld, oder pro Concessione „tali Conditione concessimus ut de-
„beant nobis persolvere marcam CXXX. denariorum

aus der Ausbeute nach Abzug der Betriebskosten

„quidquid super culta fodina fuerit residuum,
„cummedietate ipsius lucri residui nobis debeant per-
„solvere praefatam pecuniam

berichtigt werden, jedoch dergestalt, daß der dem verleihenden Landesherrn bleibende achte Theil der Ausbeute hierdurch nicht geschmälert, sondern jene Summe nur auf die übrigen der Gewerkschaft davon zustehenden sieben Theile vertheilt und davon entnommen werde,

„ex septem partibus etc. ita quod fructus partis oc-
„tavae sine aliqua minutione nobis debeant ce-
„dere.

Hier also ist der Achte statt des Zehnten, und wenn man auf die successive Zahlung der CXXX. denariorum sieht, oder gar — wogegen nichts streitet, — annimmt, daß diese Zahlung jährlich gemeint sey, eine Art von Quatember-Geld, und etwas den oben angeführten römischen Einrichtungen höchst ähnliches zu finden *).

Es enthält dieser Lehnsschein auch bestimmte, mit dem Bergregal in Zusammenhang stehende Retardats-Vorschrif-

*) Man wird hierbei an die obengedachte l. 2. C. de Metallariis et Metallis erinnert, und dürfte die alte bergmännische Rechnungsweise nach Achteln (woher auch in dem oben ange-

ten. Ein Gewerke nämlich, welcher ausgeschriebene Zubuß binnen sieben Tagen nicht zahlt

„si aliquis de sociis partem suam per VII. dies dare
„tardaverit.

soll, nach altem Recht

„secundum jus antiquum et debitum

binnen einer Nachfrist von sieben Tagen Alles abführen,

„plenarie persolvat quod debet.

widrigenfalls nach Ablauf von sechs Wochen, von Anfang seiner Zahlungs-Säumniß an, seine Kuxe caducirt

„quod tribus XIV. diebus, id est VI. septimariis
„quis super sederit, quod super partem suam dare
„neglexerit, cessit a proprietate suae partis

und den übrigen Gewerken zugetheilt,

„et ipsa pars revertitur ad socios ut colant eam

oder wenn diese solche für den Rückstand der Zubuße nicht mögen,

„et si ipsi partem solutam noluerint colere

in das landesherrliche Freie fallen.

„nobis cedat ut ipsam colamus.

Diese Urkunde verdient hier um so mehr Beachtung, als Admont dem Vaterlande der heiligen Hedwig so nahe liegt, daß wohl von dort Bergleute zu ihrer Zeit nach Schlesien mit eingewandert seyn mögen. Es gehen aus dieser Urkunde, so wie aus den oben schon angeführten, so geregelte Einrichtungen hervor, daß man nicht bezweifeln kann, wie dieselben das Resultat gereifter Erfahrungen sind. Dies gilt noch mehr von dem alten Schemnitzer Stadt- und Bergrecht aus den Zeiten König Bela des Vierten (also zwischen 1235 und 1270), dessen Bestimmungen wegen

führten Löwenberger Bergrecht die Bestimmung wegen ein Achtel der Zeche für den Grundherrn als Freikuxe rührt) damit im Zusammenhange stehen.

gen ihrer guten Form und Fassung sogar — ungegründete — Zweifel an seiner Aechtheit veranlaßten *). Die Hauptfestsetzungen dieses alten Schemnitzer Stadt- und Berg-Rechts sind folgende.

1. Die Verwaltung des Bergwesens steht unter einem (aus der Königlichen Kammer besoldeten) geschwornen Bergmeister und einem geschwornen Theiler, welche beide, Richter und Rath jeder Bergstadt setzen. Von diesen werden die Belehnungen ertheilt, bei welchen ein Schürfer, der einen Fund gemacht, durch drei Tage das Vorrecht vor andern Muthern hat.

2. Jede Belehnung setzt einen gemachten Fund voraus, und wird ertheilt auf einen Schacht (= ein Lehn in das Hangende und ein Lehn in das Liegende), und $3\frac{1}{2}$ Lehn in das Hangende, $3\frac{1}{2}$ Lehn in das Liegende des Ganges. Jedes Lehn mißt 7 Lachter, das Lachter 3 Ellen. —

Hier zeigt sich die älteste bestimmte Spur von stehender Vermessung und Vierung. Es beträgt hiernach dergleichen Vermessung, nach heutigem Ausdruck

a) eine Fundgrube von 14 Lachter in der Breite;

b) eine Vierung von 49 Lachter, halb in das Hangende, halb in das Liegende; wofern nicht — wie (wegen der üblichen Vierung von in Summa 7 Lachter) wahrscheinlich statt „Lehn" zu lesen ist „Lachter."

Wie lang nach dem Streichen des Ganges die Vermessung gestreckt werden dürfe, ist nicht gesagt.

3. Ein Stollner, der einen Fund macht, erhält $3\frac{1}{2}$ Lehn vor- und $3\frac{1}{2}$ Lehn hinter sich gemessen in Lehn.

Auch hier scheint statt „Lehn" „Lachter" zu lesen, indem offenbar eine Stollen-Vierung gemeint ist, welche man wohl nie auf Feld zu 49 Lachter bestimmen konnte!

Es ist jedoch anderer Seits nicht zu läugnen, daß das

*) S. Wagner a. a. O. S. XVI. und S. 163.

alte Iglauer Bergrecht auch von 7 Lehn, als der Feldes-Ausdehnung spricht, innerhalb welcher der Erb-Stollner Stollenrechte genießen solle. Hiernach könnte jenes Vermessen sich vielleicht nur auf letztere beziehen.

4. Fristen werden, so oft es nöthig, immer von 14 zu 14 Tagen ertheilt, und können, wenn sie am 15ten Tage noch unbelegt sind, freigefahren werden. Dies gilt jedoch nicht von Erbstollen. Auch hat jede Grube vor und nach den vier hohen Festen, allemal 14 Tage gesetzlich Frist. Außerdem muß sie immer in Betrieb stehen.

5. Unbauhaftige Gruben werden, wenn sie durch sieben Sonntage aufgerufen und nicht inzwischen belegt worden, frei erklärt.

6. Erbstollner müssen, wenn sie ihr Recht nicht verlieren wollen, jährlich wenigstens um ein Lachter mit ihrem Ort in das Feld rücken, genießen Stollenhieb, und wenn die Gewerken desselben Lehnes mit dem Erbstollner „derselbigen Stollen nutzen, so behält er doch das Vierttheil der „Samköst zu seinem Stollen." — also den vierten Pfennig.

7. Die Kux-Vertheilung geschieht nach Achttheilen.

8. Jeder Grundherr nimmt von den Gruben auf seinem Territorium, den dritten Theil „den Urbar" dagegen muß er den Gewerken erlauben, aus seinen Forsten ihren Bedarf an Holz in die Grube „und zu sonstigen Nothdurften" zu nehmen, erhält auch von „Hütten oder Mühlen," welche Jemand bei der Grube baut, keinen besondern Zins.

9. Bergwerks- und Hütten-Eigenthum aller Art, kann durchaus nur wegen wirklicher Grubenschuld („Samköste"), sonst aber nicht, mit Arrest belegt werden.

Mehrere einzelne, zum Theil verwickelte, Festsetzungen, über Alters- und andere Vorrechte im Felde, sind hier zu übergehen.

Wie viel oder wie wenig von denen in diesen fremden Bergwerks-Gesetzen enthaltenen Ansichten und Bestimmungen sich eigentlich in jener Periode nach Schlesien verpflanzte, und wie sich in diesem Lande damals die Bergwerks-Verfassung im Einzelnen gestaltete, ist mit historischer Gewisheit zwar auszumitteln unmöglich, wenn man aber erwägt, wie man in dieser Periode, in der Schlesisch- und überhaupt in der Polnischen Legislation, bei dem Mangel des Eignen, so gern auch willig Fremdes aufnahm, und wie bei dem Bergwesen insbesondere dies unvermeidlich war; so wird man keinen Anstand finden, diese fremden Gesetze für die damaligen Quellen und Hülfsmittel des Schlesischen Bergrechts zu erkennen.

Unbestreitbar steht nach Vorstehendem fest, daß man in Schlesien schon in jener Zeit Gold und Silber als Eigenthum des Landesherrn ansah, und daß wenigstens die Bergstädte Goldberg und Löwenberg, wohl auch Beuthen, Reichenstein, Kupferberg, aus einer Bürgerschaft von Gewerken und Bergleuten gebildet waren.

Zweite Periode.

Von 1241 bis 1474. d. h. bis zu dem Eintritt der Ungarischen Landesherrn.

§. 7. Fortschritte des deutschen Wesens in Schlesien.

So schrecklich und umfassend wir uns auch die Verwüstungen denken mögen, welche der Zug der mongolisch-tatarischen Horden in Schlesien anrichtete; so waren doch die Spuren dieser Verwüstung keine bleibenden, denn das Land selbst war noch nicht in der Cultur so weit vorgeschritten, daß ein solches Verwüsten künstlich verflochtene, mit dem grossen commerziellen Weltverkehr in Zusammenhang stehende, oder innere systematisch geordnete Verhältnisse und Beziehungen zerstören, und ein langes Nachwirken zur Folge haben konnte; auch ging der Sturm schnell vorüber, und das Schrecken, welches ihm voranging, trieb ohnstreitig eine nicht geringe Anzahl Flüchtlinge, in die unterhalb Liegnitz und in dem hohen Gebirge belegenen Gegenden, welche das Heer der Barbaren nicht erreichte. So ward nach ihrem Abzug das schnelle Wiederherstellen der zerstörten Ortschaften erleichtert, wärend Neigung, vaterländische Vorliebe und Einsicht der Fürsten, Ansiedler aus den deutschen Ländern herbeiriefen, welche bald den Verlust an Menschenmenge ersetzten, den jener verwüstende Krieg dem Lande verursacht hatte. Man kann mit Recht diesen Moment als denjenigen ansehen, in welchem Schlesiens Culturrichtung sich entschied, denn so oft Polen wiederholt versuchte, dies Land sich völlig wieder anzueignen, so stark die Hinneigung vieler Herzöge des Piasten-Stammes, besonders in Oberschlesien und an dem rechten Oder-Ufer, für Polen, durch mehrere Jahrhunderte immer von neuem hervortrat; so blieb doch die Spaltung zwischen slavischem und germanischem Wesen fest. Allerdings dürfte das letztere vielleicht in diesem Zwiespalt zuletzt unterdrückt worden seyn, wenn Polens Regenten kräftiger, consequenter und minder heftig zu handeln vermogt hätten, denn zu wenig war die Beziehung Schlesiens zu deutschen Nachbarstaaten befestigt, um ihm einen politischen Stützpunkt gegen das Andringen Polens zu gewären, und zu viele Hülfsmittel konnte, bei einem fortgesetzten Kampf, ein Reich wie Polen, gegen die, durch fortwärende Ländertheilungen sich immer mehr und mehr schwächenden, unter sich in stete Familienzwiste verwickelten, einzelnen Schlesischen Herzoge, entwickeln. Darum war es für Schlesien ein großes Glück, daß in Böhmen deutsche Civilisation bedeutendere Fortschritte gemacht, und die damalige Politik dieses Landes, die deutsche Parthei in Schlesien begünstigte. Böhmen erschien den Anhängern des polnischen Wesens in Schlesien zugleich minder fremd, als das eigentliche Deutschland, und so bereitete und vollendete sich allmälig die Einverleibung Schlesiens mit jenem Staat, um die Mitte der uns eben vorliegenden Periode, durch der Böhmischen Könige und Diplomaten meisterhaftes, besonnenes und folgerechtes Verfahren. Bis zu dem Eintreten dieses großen, allmälig sich entwickelten Ereignisses, bildeten die alten Staats-Gestaltungs- und Verwaltungs-Ansichten und Formen in den Schlesischen Fürstenthümern, sich, in Vergleich zu der frühern Zeit, unaufhaltsam nach deutschen Mustern um, denn die bereits in der vorhergehenden Zeit begonnene Einführung des deutschen Rechts an einzelnen Orten, verallgemeinerte sich so, daß das altpolnische Recht zuletzt nur noch Ausnahmsweise, besonders in dem, jeder Verbindung mit Böhmen abgeneigten, Polen zugethanen Herzogthum Glogau und in Ober-Schlesien — mehr in den Dörfern, als in den Städten — beibehalten ward. Dieses deutsche Recht umfaßte keinesweges bloße Privatrechtliche Bestimmungen, sondern man begriff darunter auch das Unterthänigkeits- Roboth- und Zinsverhältniß in seinen mildern Formen, wie es in Deutschland, namentlich in Sachsen, damals bestand; im Gegensatz zu dem drückenden, polnischen Leibeigenschafts- und Schollen-Hönigkeits-Verhältniß.

In eben dem Maas, als deutsches Recht in dem Lande mehr um sich griff, nahm diese polnische Knechtschaft ab. Sehr natürlich mußte jenes Recht auch den Gutsherren zu statten kommen, sie wurden immer weniger von der bloßen Willkühr ihrer kleinen Landesherren abhängig; das sich aus-

*) In den Urkunden des Klosters Leubus (Lieferung 1. Breslau, 1821.) kann man für diese Ansicht genügende Beläge finden z. B. S. 6. 21. 36. 92., wo das ganze Verhältniß beiderlei Art, sehr klar neben einander gestellt ist.

bildende Lehnswesen nach deutschen Mustern, führte Lehnshöfe und Mannen-Gerichte herbei, der Begriff der Standschaft regelte sich mehr und mehr, und Berathungen der Stände in den einzelnen Fürstenthümern, so wie in sehr wichtigen Fällen des ganzen Landes, erschienen als eine feste, obschon nicht verbriefte Form der Staatsverwaltung.

§. 8. Schlesische Landtage.

In frühster Zeit, als engere Familien-Bande des Fürstenhauses, die Länder Polen und Schlesien, als Ein Reich zusammenhielten, hatten die Schlesischen Fürsten, vielleicht auch mächtige Prälaten und Gutsbesitzer, die polnischen Reichstage als Theilnehmer der Berathungen mit besucht, desgleichen waren schon gegen das Ende des elften Jahrhunderts — besonders bei Gelegenheit der Szezechschen Fehde — in Breslau Schlesische Landtage von dem Landesherrn mit den Ständen gehalten worden, auch erkannten die Landesherren das Recht der Barones (auch Comites et Barones oder Barones et Milites), in Staatssachen mitzusprechen an, doch war dies nichts geregeltes, und die Privilegia, welche die Herzoge ertheilten, sprechen zwar in dem Eingang gewöhnlich davon, daß sie „auf, mit den Baronen gepflogenen ernstlichen Rath," oder „auf Ersuchen und Anhalten der Baronen" ertheilt worden; oft aber fehlt auch dergleichen Floskel ganz *), und großes Gewicht kann man darauf nicht legen, wenn man erwägt, daß nach dem Zeugniß des Stravosc, die Polen, vor der Mitte des vierzehnten Jahrhunderts, keine geschriebenen Gesetze, wohl

*) Beläge hierzu sind in Menge in den Schlesischen Urkunden Sammlungen von v. Sommersberg, v. Schickfuß u. s. w. zu finden.

aber, wie sich Dlugoß in seiner Geschichte von Polen ausdrückt *) „Arbitria Regis pro Legibus" hatten!

In diesem Zeitalter, in welchem jeder christliche Regent die Theilname der Stände des Volks an der Regierung, in dieser oder jener Form, achtete und von selbst anerkannte, ehrten und förderten auch die Könige von Böhmen die Schlesischen Landtage, welche sich allmälig nach dem Bilde der Böhmischen gestalteten, und in den einzelnen Fürstenthümern als einzelnen, in mancher Hinsicht selbstständigen, wenn gleich durch die Regentenfamilien eng verknüpften Staaten, in der Hauptsache, nach ganz ähnlichen Formen gehalten wurden, wie die allgemeinen Landtage.

Der Fürst, als Inhaber der höchsten Macht, berief den Landtag. Rittergutsbesitzer — viritim stimmend — Abgeordnete von den Bürgerschaften der Städte, jedoch nicht Abgeordnete des Bauernstandes — denn dieser ward nicht für selbstständig geachtet — bildeten den Landtag. Die Bürgerschaft der Stadt, in welcher er gehalten ward, gab gewöhnlich in der Person ihres Syndicus den rechtskundigen Protokollführer und Concipienten der Beschlüsse her, und übte durch diesen dann höhern Einfluß, als die übrigen Städte des Fürstenthums. Der Fürst leitete persönlich oder durch seinen Kanzler oder einen Rath, die Verhandlungen, machte den Ständen Vorschläge zu Gesetzen und Einrichtungen, gestattete ihnen auch ein gleiches zu thun, und regelte die Abgaben gemeinsam mit den Ständen, nachdem er gütlich mit ihnen sich wegen deren Bewilligung verglichen.

Auf den allgemeinen Schlesischen Landtagen (Fürstentagen) kam von dem Bergwesen nichts vor, denn auf diesen wurden nur allgemeine staatsrechtliche Gegenstände des

*) S. 215. S. auch Böhms Beiträge u. s. w. II. 67. IV. 191.

ganzen Landes, Streitigkeiten der Fürsten unter sich, und damit zusammenhängende Gegenstände verhandelt; die Fürstenthümer aber, als übrigens in ihren Verfassungen abgeschlossene völlig selbstständige Staaten betrachtet, welche nur ein gemeinsames politisches Band — ohngefähr wie die Staaten des deutschen Reichs, — als Glieder eines Ganzen, unter einem höchsten Oberhaupt vereinige *).

Wenn sich bei einer solchen Landesverfassung, die Bergrechte in Schlesien nicht in den einzelnen Fürstenthümern verschieden ausbildeten, so lag dies in dem innern Zusammenhange und gemeinsamen Ursprung der durch die fremden Bergleute in das Land gebrachten Bergwerksgewohnheiten, und darin, daß sich ein gemeinsames Privatrecht in dem ganzen Lande verbreitet hatte; nämlich (wie schon gedacht) das Sachsenrecht.

§. 9. Sachsenrecht in Schlesien, in Bezug auf Bergwerks-Verfassung.

Dies Recht spricht sich über Bergwerksschätze bestimmt und einfach aus.

Buch I. Art. 35.

„Al Schaz under der erden begraben tiefer den ein „pflug geder gehoret zu der kuniglichen gewalt. Silber „muz ouch niechem man brechen uf eines andern mannes „gute one des willen des die stat ist. gibt erz urlaub die „vogetie ist syn daruber."

Die gemeine deutsche Glosse zu dem Sachsenspiegel sagt, daß unter dem Ausdruck „Schatz" hier nicht bloß ein gemeiner Schatz, sondern eigentlich „Bergwerksschatz" zu verstehen und die nachfolgende Stelle bestätigt dies. — Daß

*) Ueber die Schlesische Stände-Verfassung S. die geschichtliche Entwicklung derselben von Menzel in den Schlesischen Provinzial-Blättern von 1817. S. 512.

in letzterer nur von Silber und nicht auch von Gold die Rede ist, rührt wohl offenbar nur daher, daß der Verfasser des Sachsenspiegels bei dem Niederschreiben jenes Articuls nur an sein Vaterland Sachsen dachte, welches damals schon Bergbau auf Silber trieb, aber kein Gold gewann. — Sehr wichtig ist die Bestimmung am Schluß dieses Articuls wegen der Voigtei. Unter diesem Ausdruck verstand man in jener Zeit ein Schirm-Amt, womit richterliche Macht verbunden war, welche der Voigt, unter seiner Leitung, durch das Recht findende Schöppen, verwaltete, indem er nach ihrem Befund das Urtel aussprach und vollziehen ließ.

Hiernach würde jener Artikel des Sachsenspiegels, nach unserer heutigen Ausdrucksweise in folgender Art lauten:

„Alle Bergwerksschätze, welche tiefer als eine Ackerfur-„che liegen, gehören zu den Regalien des Landesherrn. „Es darf jedoch Niemand, ohne des Grundherrn Zu-„stimmung, auf dessen Grund und Boden — selbst nicht „auf Gold und Silber — Bergbau treiben. Gestattet ein „Grundherr: auf seinem Grund und Boden Jemanden „Bergbau zu treiben, so behält er dennoch das Recht der „Beaufsichtigung und der Berggerichtsbarkeit über derglei-„chen Bergbau."

und in der That enthalten diese Sätze die Grundbestimmung der ganzen damaligen Bergwerksverfassung, in Schlesien nicht minder, wie in allen Ländern, in denen man das Sachsenrecht angenommen.

Bis gegen den Ablauf des elften Jahrhunderts, lassen alle, und noch späterhin die meisten, in Deutschland aufgefundenen, von Bergwerken sprechenden Urkunden *), keinen Zweifel, daß man Bergwerke, als zu dem Eigenthum der

*) Hüllmanns Geschichte des Ursprungs der Regalien in Deutschland S. 62.

vom Staat priviligirten Grundherrn gehörend, betrachtete. Dieselbe Ansicht galt nicht minder in Polen, Böhmen u. s. w. Gerade aus ihr ging aber, bei dem Fortschreiten der Entwicklung der Staatsverfassung, die Theorie der Bergwerksregalität der Landesherrn, in den deutschen und ihnen rechtsverwandten slavischen Ländern hervor, oder knüpfte sich vielmehr, als Begriffe des römischen Staatsrechts Eingang fanden, und dadurch auch das landesherrliche Bergregale in die Verfassung sich einführte, an diesen Umstand an. Indem man nämlich das Land als ein, durch die ursprüngliche Einwanderung oder Eroberung, dem Oberhaupt des Volkes zugefallenes Eigenthum ansah, faßte man den Grundsatz auf, daß was nicht ausdrücklich hiervon, durch eine Verleihung des Oberhauptes, in Besitz von Privat-Eigenthümern übergegangen, Eigenthum jenes Oberhauptes — Staats-Domaine — geblieben sey. Hieraus folgerte man weiter, daß, wo nicht bestimmte Ausdrücke der Uebertragungs-Urkunde solchen Besitzes, den Besitz der Bergwerks-Schätze dem Erwerber mit zugesichert, der Landesherr in deren Besitz geblieben. Auf diese Weise kam also eigentlich in der Hauptsache Alles darauf an, was bei einem Privat-Territorial-Besitz, die eigentliche ursprüngliche Erwerbungs-Urkunde, oder spätere Privilegien des Landesherrn, oder ein erweisliches Herkommen darthaten, um festzustellen, wer eigentlich auf diesem Territorium, diese oder jene Regalien und namentlich auch das Bergregale besitze, — ob nämlich der Landesherr, oder der wirkliche unmittelbare Grundbesitzer *).

Wer nun als der wirkliche Grundbesitzer, Hinsichts der Bergwerks-Schätze anzusehen, auf den fanden die gedachten

*) Eine ähnliche Ansicht des Verhältnisses aus alten Zeiten auf dem Harz, geht hervor aus Mayer's Geschichte der Bergwerksverfassung des Harzes im Mittelalter. Eisenach 1817. S. 5.

Bestimmungen des Sachsenspiegels Anwendung d. h. ohne seine als des (an die Stelle des Landesherrn getretenen) Bergherrn Erlaubniß, durfte Niemand auf seinem Grund und Boden Bergbau treiben, und wer Bergbau auf anderm als eignem Grund und Boden zu treiben sich die Erlaubniß verschafft hatte, war doch der Bergvogtei (Berg-Gerichtsbarkeit und obern Aufsicht) des Grundherrn, als des eigentlichen Bergherrn unterworfen.

Eine solche Theorie stimmte vollkommen mit der Ansicht des römischen Rechts, welche bei Abfassung des lombardischen Lehnrechts, Hinsichts der Regalien aufgefaßt wurde, und wenn Kaiser Friedrich I.

II. Feud. 56.

„Salinae et Argentariae“

unter die Regalien zählte, so ging dieser Grundsatz ohne Anstoß in das deutsche Recht über, weil er eigentlich in jener Theorie desselben schon begründet schien, die hierin zum Theil noch mehr zu Gunsten des landesherrlichen Regalitätsrechts sprach.

In Schlesien hatten — wie schon oben aus der Culmschen Urkunde von 1233 erwähnt worden — die Grundsätze der Bergregalität sich zeitig eingepflanzt, und waren vielleicht hier so alt als der Bergbau selbst.

Es betrachteten in diesem Lande, Trotz der Todt-Theilungen seiner Fürsten, welche es in immer mehr und mehr vollkommen getrennte Theile zerfällten, Fürsten und Volk, das Land immer noch als ein wahres Ganze — obgleich ohne geschriebene Bundesakte — zu gemeinsamen Zusammenhalten berufen, als solches auf dem allgemeinen Landtage sich darstellend, und so entwickelte sich, für alle einzelnen Fürstenthümer, ein eigenthümliches Staatsrecht, welches insbesondere auch die Verhältnisse der einzelnen Herzoge zu ihren Vasallen und Unterthanen feststellte, ohne in einer geschriebenen Constitution vorhanden zu seyn.

§. 10. Verschiedenheit der Landes- und der Grund-Herrlichkeit in Schlesien, in dieser Periode.

Dieses Staatsrecht erkannte eine zweifache Art von Territorial-Besitzrecht, als ein Verhältniß zu der Staats-Gemeinschaft vorhanden an, nämlich:

1. Das Jus ducale;

2. Das Jus dominiale.

Städtisch-bürgerlicher und Bauern-Besitzstand war, wo nicht besondere Privilegien einer Stadt, oder einem bevorrechteten Schulzen und dergl. etwa Standschaftsrechte beilegten, von einem direkten Verhältniß zu dem Staat und dessen Verwaltung ausgeschlossen, denn nicht privilegirte Städte waren unbedingt dem Landesherrn oder einem Vasallen, als ihrem Grundherrn unterworfen, und was dieser befahl, war ihnen Gesetz. Dis galt noch unbedingter von den Dörfern. Desto mehr strebten auch alle Städte, sobald sie aufblühten, nach Privilegien, welche sie einem so drükkenden Zustand entheben sollten, und bisweilen Einsicht, öfter Schwäche und Geldmangel der Fürsten, kam ihnen dabei zu Hülfe, obgleich keine Stadt eine so freie Verfassung und wichtige Stellung, als das von Natur, schon durch seine Lage, zur Hauptstadt des Landes bestimmte, Breslau zu erringen vermogte.

Das Jus ducale gründete sich, als Inbegriff von Besitzesrechten eines Territorii, allemal auf den Umstand, daß dieses Territorium ursprünglich unmittelbare Herzogliche Domaine gewesen, oder noch war. Dies Jus ducale begriff in dieser Periode, vor der Vereinigung mit Böhmen, alle — seit dieser Vereinigung aber, die meisten, — Landeshoheitsrechte, namentlich das Recht der obern und niedern Gerichtsbarkeit im vollsten Sinn, das Recht Heeresfolge zu fordern und Soldaten zu halten; das Besteuerungsrecht;

das Zollrecht; Münzrecht und das Bergwerksregale. Das Recht in Kirchensachen. Alles dies in der Ausübung und speziellen Regulirung, unter Zuziehung der Stände als Rathgeber, und Hinsichts der Abgaben als freiwilligender Staatsglieder.

Das Jus dominiale *) wurde charakterisirt durch den Besitz eines, von dem Landesherrn, oder dessen Stellvertreter unmittelbar übertragenen, oder bestätigten und anerkannten Gutsbesitzes, sobald die Real-Gerichtsbarkeit über das Gut dem Landesherrn von der landesherrlichen Voigtei, oder deren Erwerbern und Inhabern, abhing und ausgeübt wurde.

Ein anderes Criterium der Dominial-Guts-Eigenschaft bedurfte es in Schlesien nicht, und dies Criterium reichte und reicht noch jetzt völlig hin, das Standschaftsrecht zu begründen. Bedingungen von persönlichen Eigenschaften, an welche man späterhin die Fähigkeit zu dem Erwerb von Dominial-Gütern band, kannte man, in diesem Zeitalter, nur in sofern, als besondere lehnrechtliche Verhältnisse obwalteten, wegen deren jene Eigenschaften nothwendig schienen; doch ward darauf selten streng geachtet.

Weder eigne Gerichtsbarkeit, noch Kirchen-Patronats-Rechte, Jagd, Zinsen, Ehrungen und Unterthanen, Brau- und Brennerei-Urbar oder andere dergleichen Rechte, sind in Schlesien jemals nothwendige Kennzeichen von Dominial-Gütern gewesen, wenn gleich in der Regel mehrere dieser Prärogativen, bei jedem Jure dominiali besessenen Gut, sich zu befinden pflegen.

*) In einer Urkunde, worin Herzog Heinrich V. von Breslau ausdrücklich bekennt, daß ihn Stadt und Landschaft Breslau frei zum Herzog von Breslau erwählt, werden die Gutsherrn „Terrigenae“ genannt. S. Henclii Breslographia S. 39.

Ein Gut, welches von der landesherrlichen Voigtei verreicht ward, war ein Dominialgut; gleichviel, ob der Landesherr die Voigtei selbst besaß, oder an eine Familie, Commune u. s. w. veräußert, verpfändet oder in sonst einer Art übertragen hatte. Ueberall tritt hierbei das Prinzip hervor, daß alles Grundeigenthum ursprünglich bei dem Landesherrn war, und von diesem vergeben worden; die Art der Vergebung aber dann den Umfang, der dem Besitzer, aus der Fülle der Landesherrlichen Rechte übertragenen Gerechtsame, nun auch so feststelle, daß der Landesherr in solche nicht weiter eingreifen dürfe.

Dieses einfache, aus der Natur der Sache hervorgegangene Verhältniß, entsprach auch völlig den Ansichten deutschen Rechts *), nicht aber der Verfassung in Böhmen, denn in letzterm Lande gab es keinen abgetheilten, souverainen Herzog, wie in Schlesien, und in der goldnen Bulle hatte Kaiser Carl IV. sich für sein Böhmen die Bergregalität als Attribut der Königlichen Krone zugesprochen, welche es dort auch schon längst besaß. Die goldne Bulle sagt hierüber:

A. B. c. 9.

„de Auri et Argenti et al. Sp. mineris. Prae„senti Constitutione in perpetuum valitura statimus ac „de certa scientia declaramus, quod successores nostri „Boemiae Reges nec non universi et singuli Princi„pes electores, ecclesiastici et Seculares qui perpetua „fuerint, universas auri et argenti fodinas, at„que mineras, stanni cupri plumbi ferri et „alterius cuiuscunque generis metalli, ac „etiam salis, tam inventas quam inveniendas impos„terum quibuscunque temporibus etc. juste possident et „legitime possidere cum omnibus juribus, nullo prorsus

*) S. Runde's deutsches Privatrecht §. 411. u. f.

„excepto pront possident sive consueverunt „talia possidere etc. und in der deutschen Uebersetzung:

„Wir setzen mit diesen geinwärtigen Gesetz ewiglich zu „werend, daß unser Nachkommen, König zu Böhmen und „alle Churfürsten, geistlich und weltlich, mögen haben Goldgruben und andere Gruben von schmiedsamen Dingen, und „Salzgruben, die jetzo gefunden sind oder nachher gefunden werden, in dem Böhmischen Reich, oder in den „Landen, die demselben Reich unterthänig seyndt, mit allen „Rechten, als sie es bisher gewöhnlich besessen „haben.

Aus dem, was oben über den Unterschied des Jus ducale von dem bloßen Jus dominiale in Schlesien angeführt worden, erhellt die große Wichtigkeit der Ausdrücke in den Verreichsbriefen Schlesischer Güter, und die Nothwendigkeit des Nachweises eines Besitzstandes, wo diese schwiegen, in allen Fällen, in denen es sich um die Ermittlung handelt, ob einem Dominialgut dieses oder jenes besondere Recht zustehe oder nicht. Nur bei einer Anzahl solcher Rechte, war und ist ein für allemal durch Herkommen angenommen, daß jeder Dominial-Gutsbesitzer sie zu üben befugt sey, wenn nicht eine besondere Ausnahme vorwalte (z. B. Aussetzen unterthäniger Stellen-Regulirungen von Robothen und Zinsen der Unterthanen, niedere Jagd, Fischerei, Benutzung von Kalk, Gyps, Torf, Steinbrüchen u. dergl. innerhalb der ganzen Feldmark), ohne Unterschied, ob der Grund und Boden noch Dominialland, oder an Unterthanen auf irgend eine Art ausgethan sey.

§. 11. Uebertragung Herzoglicher Regalien und namentlich des Berg-Regals auf Privatgüter und Herrschaften.

Wollte der Landesherr ein Gut, mit allen hohen und

niedern Regalien versehen, so wurde dies in dem Verreichsbriefe, theils durch Verzeichnen derselben, theils durch den Ausdruck „cum Jure ducali" ausgedrückt. So z. B. bestätigte König Wenzel — in der Eigenschaft als Herzog von Schweidnitz — im Jahr 1405., bei seiner Anwesenheit in Breslau, dem Stift auf dem Sande daselbst, das von einigen Adlichen erkaufte:
„supremum Jus et Exactiones ducales cum omnibus „Pertinentiis suis." Hinsichts des Gutes Strelitz im Schweidnitzschen *). Eine solche Verreichung eines Gutes, „cum Jure ducali," machte den Erwerber keinesweges zu einem Dux, denn diese Würde betrachtete man — ganz in dem Gesichtspunkt ihrer geschichtlichen Entstehung — als eine von dem Grundbesitz unabhängige, in den Zweigen der Familie der Landesherren (vermöge gemeinsamer Abstammung von Piast) forterbende persönliche.

Einzelne Beispiele aus dieser Periode.

Auf diese Weise gedieh in dem vorliegenden Zeitraum, in Schlesien, das Bergregal, ganz oder theilweise an viele größere und kleinere Dominial-Gutsbesitzer, welche keinesweges Herzoge waren.

a) Gerhardsdorfer Güter.

So z. B. enthält der Lehnsbrief über die Gerhardsdorfer Güter (Gerhardsdorf, Herrmannsdorf, Wohlsdorf, Neudorf am Rennwege) von 1360 die Worte: „sonderlichen „mit allen Rechten und Ehren mit allen Gnaden und „ganzer Herrschaft mit Gerichten über Hals und Haut, „mit allen Gerichten hoch oder niedern, nicht ausgenom-„men um alle Bete Geschossis, Münze, Geldes, Marktzolle, „und Brackine Geldes wer auch es sey, oder Jemand Anders

*) S. Klose a. a. O. Bd. II. S. 309.

„ders in der vorgenannten ichter Herrschaft die die vorbe„nannten nur haben oder hernach haben werden wer ihr „Erblinge wird, keinerlei Bergwerk, Goldwerk, Silberwerk, „Kupferwerk, Zinnwerk, Bleiwerk, Eisenwerk, Salzwerk, „oder anderlei Guß oder Erz, ober der Erden oder unter „der Erden; mit allen Lehnrechten und allen Nutzen und „Genüssen und alle das Recht das zu Bergwerk gehört „oder gehören mag, nichts ausgenommen, sondern allein „ausgenommen den Zehnten der uns gehöret „von unserm angebohrnen Fürstenthum.

Hier wird der Zehnte allein vorbehalten, übrigens aber das volle Bergregale verliehen.

Namentlich waren es Klöster und Kirchen, welche in jenem Zeitalter auf ihren Besitzungen das Jus ducale erwarben.

b) Breslausches Bisthums-Gebieth.

Das Breslauer Bisthum besaß, sowohl in dem ihm durch letzwillige Verordnung des piastischen Fürsten und Bischoffs Jaroslaus zugefallenen Fürstenthum Grottkau und Gebiet (Terra) Neiß, als in allen übrigen Landen und Güthern, welche ihm gehörten, ein Dominium plenum Jure ducali. Die Belehnungs-Urkunde Herzog Heinrich IV. d. d. Breslau in Vigilia Johannis 1290. drückt dies deutlich aus, und enthält insbesondere die Stelle:

„Conferentes etiam Vratislaviensi Ecclesiae Domi„nium, Jurisdictionem et Facultatem majoris Judicii „super causis sanguinum et specialiter super omnibus „Causis majoribus quae Jus ducale hactenus continge„bant. Conferentes etiam eidem libertatem in terra „Nissensi praedicta et Othmouchoviensi tam in judicia„libus quam Moneta, volentes, ut Episcopi qui pro

„tempore fuerint, in ibidem plenum dominium perfec-
„tumque habeant in omnibus jus ducale etc. *).

In der Urkunde, welche König Johann von Boehmen zu Paris den 4. October 1342 dem Breslauer Bischoff Prezislaus ertheilte, welcher, dem Beispiel der andern Schlesischen Fürsten folgend, das Fürstenthum Neiße und die übrigen Bisthums Lande, der Krone Böhmen zu Lehn aufgelassen hatte, und von jenem König, durch gedachte Urkunde als solches zurückempfing, werden nur die frühern Privilegia und Gerechtsame des Bisthums bestätigt, nicht aber dem Inhalt nach wiederholt **).

Dagegen spricht sich ein ähnlicher Lehns-Confirmations-Brief Kaiser Ferdinand I., auf das bestimmteste deshalb aus. In dieser sehr umständlichen Urkunde ***) bestätigt der Kaiser dem Bisthum ausdrücklich unter andern:

„Terras Nissen, Crotcovien, Canthen, Viasten, Ott-
„mochovien cum universo jure Ducali cudendi seu fa-
„ciendi monetas, cumque omni directo et utili superio-
„ritatis Dominio supra et subtus terram in mineris et
„omnis generis metallis."

Die Bischöfe von Breslau übten in Folge ihres Juris ducalis, bis in die Zeiten der preußischen Regierung, das Bergregal in den Bisthums-Besitzungen. Zu dessen Beleg dienen:

1. Ein von dem Bischoff Rudolph zu Breslau, Sonntag Quasimodogeniti 1411. einigen Breslauer Bürgern ertheiltes Privilegium, auf der auflässig gewordenen Oberzeche zu Zuckmantel Bergbau zu treiben. In diesem Privilegium kommt die Stelle vor:

---

*) Schickfuß Schlesische Chronik B. III. S. 3. — Sommersberg, Scriptores Rer. Siles. I. p. 781.

**) Schickfuß a. a. O. S. 35.

***) Weingarten Codex Ferdinandeus p. 92.

„Und off daßy sulch Bergwerks das nicht ane grose „kost und Darlegung geschehen mag und swere ist zu ver„neuen und wieder anzuheben dessen daß mogen getreyben, „geben Wir von der orberei halb ihnen freyunge also das „sy Uns davon nichts geben dorffen noch sulten, also lange, „das sy auß dem Berge ire Howpt gut."

(— die Zubuße an Capital ohne Berechnung von Interessen —)

„wes Darlegens ganz und gar eingenommen und wieder „haben; so sullind sy odir wer sulch Bergwerk mit irem „Willen treyben wirt, Uns und unsern Nachkommen Bi„schoffen zu Breslau alsovil als Bergwerksrecht ist in der „obirschar (von der Ausbeute) in Unser orbirei ewiglich „geben."

Mittwochs nach Mariä Lichtmesse 1552. belieh zu Neiß Bischoff Balthasar den Breslauer Bürger Hans Karlin mit Eisen-Erzgräberei, einer Hütten- und Hammer-Stätte zu Hermstadt bei Zuckmantel, mit dem Recht, für sich seine Gewerken und Bergknappen frei zu backen, zu schlachten, zu brauen und zu schenken u. s. w. befreite ihn auf zwei Jahr von allen Abgaben, und setzte deren Betrag von Ablauf dieser Befreiunszeit an, auf einen Zins von jährlich 15 Schlesischen Thalern fest.

Bischoff Jacobus von Breslau publicirte drei Berg-Ordnungen, nämlich:

1. Mittwoch nach Himmelfarth Mariae 1529 eine „Ordnung des Bergwerks Czugkmantel.

2. Freitag nach S. Luciae 1529 eine „Gemeyn Berg-„Ordnung uff Freywalde.

3. Donnerstag nach Aschtag 1533 eine „Perkordnung „und Freiheit der Bergkwerge im Czuckmantel.

Alle drei Bergordnungen sind, da sie bisher ungedruckt geblieben, und weil besonders in der letztern, interessante

Data über die Bergstädte-Immunitäten vorkommen, unter die Beilagen dieser Geschichte (A. B. C.) aufgenommen.

Eben so ertheilte Bischoff Balthasar von Promnitz (Freitag vor Exaltat. Crucis 1559) dem Melchior Hu, scher eine Berg-Begnadung, wegen Gold- und Silber-Bergbau auf bischöflich Gebieth, namentlich zu Freienwalde und Zuckmantel *), wofür er zugleich eine Bergordnung publicirte, bei welcher die Joachimsthaler zu Grunde gelegt ist.

Den 9ten Januar 1655 schloß zu Neiß der Weihbischoff Joh. Balthasar mit dem bischöflichen obersten Münz- und Bergwerks-Director Nicolaus Gilli einen Contract ab, wodurch letzterm, auf zehn Jahr die freie Ausübung des dem Bischof zustehenden Bergwerks- und Münz-Regals, gegen den an das bischöfl. Zehnt-Amt zu erlegenden Zehnt „Besag Bergordnung" und einen Zins für das Münzen von jährlich 1000 Reichsthalern, abgetreten ward. Diesen Contrakt befestigte Bischoff Carl Ferdinand zu Wißkow den 2ten Februar 1655. Derselbe Bischoff Carl Ferdinand, hat zu Neiß den 27sten Januar 1653 dem bischöflichen Landrentmeister und Steuer-Einnehmer, Carl Pietsch und dem Neißer Bürger, Moritz Binck, nebst deren Erben das Recht, „auf Vitriol-Erz auf Kamniger „und Glaesendorffer Grunde, soweit es davon streichen „wird" zu graben, „sammt Wege und Stege, Gräben, „Wasser, Wasserflüsse, Zu- und Abfuhr, auch eine Siede-„hütte und Wohnhaus (Alles um billige Bezahlung dem-„jenigen, auf dessen Grund entweder die Hütte gebaut „oder Erz gegraben würde) frei zu bauen, wie Bergwerks-„Recht ist, aus Landesfürstlicher Macht und Gewalt gnä-„digst erblich verliehen" — jedoch sollen sie das benöthigte Holz um billigen Preis aus den bischöflichen Forsten kau-

*) S. Beilage D.

fen, und „von dem, was Gott an Vitriol bescheert, den „funfzehnten Theil vor allem Auszug der Abgaben, „wie bei dergleichen Siedewerk zu geschehen pfleget und ge„schehen soll, jährlich" — dem Bischoff und dessen Nach„kommen jährlich abzugelten verbunden seyn." Zugleich werden die Beliehenen in der Urkunde angewiesen, „daß „sie sich, bei dem Bergamt zum Zuckmantel gebührend an„melden sollen."

Dies letztere ist von ihnen geschehen, wie eine Bestätigung der vorgedachten Urkunde zeigt, welche das bischöfliche Rentamt zu Zuckmantel den 20sten Februar 1653 ausgestellt hat. Diese Urkunde ist als der Gewährschein zu betrachten, denn es wird darin das beliehene Bergwerk „in Kraft der Bergbücher, bestätigt," die Lehnsträger aber angewiesen, „auch ihre Aides-Gewerken, die sie jetzo oder in „künftiger Zeit zu sich nehmen, mit Namen in dem Ge„genbuch einschreiben zu lassen, weilen sie die ersten Lehns„träger im Felde seyen" und bemerkt „daß sowohl der „Muthzettel, als die" — obengedachte bischöfliche — „Be„lehnung in dem Bergbuche nach Bergwerks-Ordnung von „Wort zu Wort" sich finde.

Es unterliegt kaum einem Zweifel, daß außer den aufgeführten in den Signatur-Büchern der ehemaligen Fürst-Bischöflichen Regierung zu Neiß, ingrossirten Belehnungs-Urkunden, noch mehrere dergleichen, von den Bischöfen zu Breslau, auf den Grund des ihnen zugestandenen Bergwerks- und Münz-Regals ausgestellt worden, und nur bisjetzt unbekannt geblieben sind. Zu Rogau ward durch eine lange Reihe von Jahren — wie es scheint von 1677 bis 1760 — eine Vitriol-Siederei getrieben, und davon Zehnten an den Fürst-Bischoff entrichtet.

Diese einzelnen, meist in spätern Zeiträumen gehörenden Thatsachen, sind hier nur darum so ausführlich zusammengestellt worden, um über den wahren Umfang des Juris ducalis, in Beziehung auf den Bergbau, ein vollständig durchgeführtes Beispiel zu geben.

c) Stift Grüssau.

In einem Confirmations- und Donations-Briefe Herzog Bolco II. von Schweidnitz d. d. Grüssau in Die St. Barnabae Apost 1352, wird dem Stift Grüssau von diesem Herzog das Bergregale auf den Stiftsgütern verliehen, mit den Worten:

„Hanc etiam Gratiam delectis Fratribus nostris da-„mus si quae montana aut mineralia praedictis „in Bonis omnibus essent, supra aut infra Terram, „haec omnia libere habere debent a quibuscun-„que Successoribus nostris sine omni Impedimento."

d) Stift Leubus.

Die eine der mehrern Stiftungs-Urkunden des Stifts Leubus *), ausgestellt von Herzog Boleslaus, Liegnitz den 29sten September 1178., belehnt das Stift unter andern, in seinem Gebieth:

„cum silvis, pratis, agris, pascuis, aquis, piscationi-„bus, venationibus, castoribus, et mellificiis **) atque „molendinis, cum omni jure ducali, cum omni dominio, „cum omni libertate, cum omni utilitate, quae nunc est „super terram in omnibus bonis et praediis claustri et „quae sub terra esse poterit in futurum, nulli de his „omnibus debendo aliquam portionem."

Aehnliche Urkunden aus dieser Periode dürften leicht

---

*) Urkunden des Klosters Leubus, erste Lieferung, Breslau, 1821. S. 20.

**) Bieber und das damals völlig organisirte Bienenhalten waren fürstliche Regalien.

mehrere aufzufinden seyn, doch werden die angeführten hinreichen, das aufgestellte Sachverhältniß zu bestätigen.

e) Generelle Concession für das Stift Camenz, Bergbau zu Reichenstein, ohne Ertheilung des Berg-Regals.

Zweifelhaft könnte man finden, was eigentlich in der, dieser Periode angehörenden Belehnungs-Urkunde *) gemeint sey, welche Herzog Heinrich IV. (probus) von Schlesien den 6ten December 1273 dem Abt Ludwig II. von Camenz — dem Schöpfer oder Wiederaufnehmer des Reichensteiner Bergbaues — für das Treiben von Bergbau, auf dem — wie es scheint, zu den herzoglichen Domainen gehörenden — Territorium von Reichenstein, ertheilte. Es wird in dieser Urkunde dem Abt verliehen:

Libertas super Locis, Mineralibus et Metallis cujuscunque Generis.

Diese Ausdrücke sind, wie die Geschichte der fernern Entwicklung des Reichensteiner Bergbaues beweist, nicht auf Berg-Regale zu deuten, sondern richtiger wohl zu umschreiben:

„Freiheit, Bergbau selbst zu treiben und Gewerkschaften „zu stiften."

Dies stimmt auch sehr gut mit dem weitern Inhalt der Urkunde, worin gesagt wird:

Rusticis vero in quorum Agris Loca mineralia inveniuntur, sua Jura similiter duximus conferrenda.

Dies würde heut zu Tage lauten: „vorbehaltlich der „Rechte der Bauern, auf deren Aeckern sich Lagerstätten „von Erzen finden."

Was waren aber diese Jura? Vielleicht ist hier ein

---

*) Abgedruckt in Heinze's Sammlung von Nachrichten über die Königl. freie Bergstadt Reichenstein, Breslau, 1817. S. 52.

Mitbaurecht gemeint, wenigstens läßt sich dafür die sehr alte (von dem Markgrafen Georg Friedrich von Anspach, als Inhaber des Fürstenthums Jägerndorf, und von Beuthen sub dato Onolzbach 4ten Dezember 1568 bestätigte) Observanz anführen, wonach bei dem Tarnowitzer und Beuthner Silber- und Bleibergbau, jeder Grundbesitzer, gleichviel ob Gutsherr oder Bauer, bei jeder auf seinem Grund und Boden aufgenommenen Grube, den achten Theil mitzubauen berechtigt war. Es ist jedoch auch möglich, daß troß des Wortes „similiter" die „sua Jura" nur so viel bedeuten als „Acker-Entschädigung." Für letztere Auslegung spricht, aber keinesweges klar, daß in einer Urkunde, worin die Gebrüder Albrecht, Georg und Carl Herzoge zu Münsterberg, Freitag nach Bartholomaei 1502, die von ihrem Vater erfolgte Wiedererwerbung der Reichensteiner Bergwerke, und die deshalb mit dem Stift Camenz getroffene Vereinbarung bestätigen, gesagt ist: *)

„Die Gebawers-Leut, auf welcher Grund und Erbe „solche bein (die Last daß dort Bergbau getrieben wird) „geschehen wird, sollen Wiederstadtung davon haben, wie „Bergrecht inne heldt."

Dies kann eben so wohl von bloßer Acker-Entschädigung, als von einem, an deren Stelle tretenden Mitbau-Recht, oder auch von Freikuxen verstanden werden.

Dritte Periode.

Von 1474 bis 1526. Schlesien unter Ungarischen Königen.

§. 12. Ausbildung des Schlesischen Staatsrechts.

Die Vereinigung der Schlesischen Fürstenthümer unter

*) Abgedruckt bei Heinze a. a. O. S. 54.

Böhmens Oberlehnsherrlichkeit, hatte, indem sie die innere Selbstständigkeit derselben unverletzt ließ, der Verwirrung vorhergehender Zeiten eine Gränze gesetzt, und schnell entwickelten sich die Keime einer allgemeinern festern Ordnung. Es ließ sich erwarten, daß binnen wenigen Menschenaltern, Böhmens Staatskunst das ganze Land völlig in die Hand eines obersten Herzogs bringen und so für die Uebel der Zersplitterung und innern Fehden, ein Ziel gefunden seyn würde; als die hussitischen Unruhen diese Hoffnungen störten und der Kampf der Breslauer und ihrer Genossen gegen den König Georg von Böhmen, Schlesien unter den Zepter des gewandten, kühnen, über sein Zeitalter hervorragenden, despotischen Königs Mathias von Ungarn brachte. Der Kraft und des verständigen, aber auch eisernen Willens dieses ausgezeichneten Mannes und seiner treuen Werkzeuge bedurfte es, um schnell, obgleich mit tief verletzenden Mitteln, das Land aus dem Zustande schrecklicher Anarchie zu reißen, und aus den feindlich zerfallenen Theilen ein Ganzes wieder herzustellen. Die allgemeinen, und die in den einzelnen Fürstenthümern eingerichteten Landtage, erleichterten seinen Zweck, wärend sie anderer Seits dem Lande einen Anhaltspunkt gewährten, dem zu weit gehenden Eingreifen der Herschergewalt dieses fremden Königs und seiner Statthalter einigermaßen zu begegnen. Auf einem dieser allgemeinen Landtage, welche Mathias aufzuheben, nicht wagte, ward der Landfrieden, durch dessen Erlaß und ernste Bewahrung er sich um Schlesien so große Verdienste erwarb, von ihm, Donnerstag nach Luciä 1474, zu Stande gebracht, obgleich allerdings die Urkunde darüber in einem dictatorischeren Styl, als frühere landesherrliche Gesetze abgefaßt, und in ihr ein eminentes Recht des Königs über die Herzöge zwar nicht ausgesprochen, doch deutlich genug bemerkbar gemacht ist *).

*) S. Schickfuß Schlesische Chronik III. S. 157.

Wenn auch in dem Einführen einer Grundsteuer und in vielen andern Maaßregeln dieses Königs, sein Streben nach einer Despoten-Macht in Schlesien hervortrat, so mäßigte er sich doch dabei, weil er seinem Bastard Johann Corvin, die Nachfolge in der Landesherrschaft verschaffen wollte und leicht begriff, daß ein solcher Plan nur zu erreichen sey, wenn die Stände des Landes dafür gewonnen würden. — Sein Tod hemmte diesen und so manchen andern Plan, und an die Stelle des listigen, treulosen Despoten, trat der schwache, milde König Wladislaus, ein Regent, unter dem sich Schlesien von den eben durchlebten Drangsalen erholte. Von ihm erwarb das Land, für baares Geld und durch weise Unterhandlungen des Herzogs Casimir von Teschen und des Sigismund Freiherrn von Kurzbach auf Trachenberg, über Anerkennung bisheriger wichtiger Rechte, 1498, die Schlesische magna Charta, das sogenannte große Landes-Privilegium, welches die Fürsten als wahre Pairs, anerkennt, deren Streitigkeiten unter sich, mit dem König, oder auch mit Privatpersonen, nirgends als auf versammelten Fürstentagen untersucht, und ohne Appellation entschieden werden sollen; indem zugleich den Ständen die Zusicherung ertheilt wird, daß ihre Milizen nicht außerhalb der Schlesischen Gränzen gebraucht, auch ihnen keine neuen Zölle und Beisteuern, ohne ihre Bewilligung auferlegt werden, ingleichen, daß sie nur in Breslau — die Stände von Schweidnitz und Jauer nur in Schweidnitz — zu huldigen gehalten seyn sollen. So waren die von Alters her, und aus dem ganzen geschichtlichen Zusammenhange von selbst folgende Selbstständigkeit und Unverletzlichkeit Schlesischer Fürsten, gegen Machtsprüche des Oberherrn, und die Sonderung des Landes von den übrigen Staaten dieses Oberherrn, so wie die Ständische Verfassung von Neuem bestätigt, und da die Huldigungen nur in der Hauptstadt des ganzen Landes und der Erb-fürstenthümer erfolgten, war zugleich gesorgt, daß kein neuer Landesherr das Anerkennen der alten Rechte umgehen könne.

Diese Rechte erhielten im Jahr 1504. noch eine, für jene Zeiten und Verhältnisse, höchst wichtige Befestigung, durch den mit des Königs Vermittlung und Bestätigung unter den Schlesischen Fürsten und Ständen, und dem Domstift ad. S. Johann in Breslau bewirkten Kollowrathschen Vergleich, welcher alle Ausländer *) von dem (wegen der fürstlichen Würde zu Neiß und Grottkau, und der Präpotenz auf den Schlesischen Fürstentagen, grade in dieser Zeit so wichtigen) Breslauer Bisthum und den geistlichen Beneficien des Landes ausschließt, und alle geistlichen Güter der Mitleidenschaft in allen öffentlichen Leistungen unterwirft — welcher sie freilich schon von Alters her in Schlesien unterworfen gewesen.

Beide, für Schlesiens innere Entwicklung und eigenthümliche Gestaltung so wichtige Urkunden, können hier nicht näher kommentirt werden, waren aber zu erwähnen, weil sich durch sie von selbst das Staatsrecht Schlesiens, in Bezug auf die Landeshoheit der Herzoge und das Jus ducale gesichert fand.

§. 13. Wichtiges Bergwerks-Privilegium für Herzog Friedrich II. zu Liegnitz.

Wie König Wladislaus sein Recht als oberster Landesherr, von seinem Recht als Herzog von Schweidnitz und Jauer, so wie von Breslau, ganz richtig trennte, und seine herzogliche Landeshoheit auch, Hinsichts des Berg-Re-

*) Wie sich die Urkunde ausdrückt: „Es soll hinfort zu keinen „Zeiten ein Bischoff vom Capitul erwählt werden, er sey „dann nämlich aus Böhmen, Mähren, Schlesien, Ober- und „Nieder-Lausitz oder andern zugehörigen und anhangenden

gals sehr wohl kannte, beweißt ein von ihm zu Ofen, Mittwoch vor S. Lorenz-Tag 1505., dem Herzog Friedrich II. von Liegnitz ertheiltes Privilegium: durch funfzehn Jahr Abgaben frei, in einem Bereich von vier Meilen lang und breit, in denen an das Fürstenthum Liegnitz gränzenden Landen des Königs das Bergregale zu treiben. Diese in v. Sommersbergs Scriptor. Rer. Siles. P. I. S. 908. abgedrukte Urkunde, verdient hier einen Platz. Sie lautet:

„Wir Wladislaus u. s. w. bekennen und thun kund „allermänniglich, daß für uns kommen ist der Hochgebohrne „Friedrich, Herzog zur Liegnitz und Goldberg u. s. w. Unser Oheim Fürst und lieber getreuer und uns berichtet, „wie er eine wahrhaftige Erfahrung habe, daß in sein Fürstenthumben Liegnitz, Goldberg, Gradisberg und Haynau „vor alten Jahren fundhaftig Bergwerg gewest seyen, welche er gesinnt wäre wieder lassen zu suchen, ob er dieselbige wieder finden mögte, auch daneben angezeiget, daß „dieselbige sein Fürstenthumb mit unsern Landen gemeiniglich gränzen, derohalben uns gar fleißig gebeten, ihm und „seinen Erben, ob er oder seine Erben und Nachkommen „immer Bergwerk suchen ließen, daß in vier Meilen breit „und lang in seinen Fürstenthumben stosseten, wo es ihm „am allerbesten gefallen würde, suchen möchten, und so „solch Bergwerk oder Erz, wie das mit Namen genennet „möchte seyn, durch Ihn seine Erben, oder sonst jemands „zukünftiglich finden würden, an einer oder mehr Stellen, „in den gedachten vier Meilen gnädiglich vergönnen und

---

„Landen der Crone zu Böhmen, aus den Ständen sönderlich „der Fürsten, Herrn, Ritterschaft und Städte, die dazu „gnüglich erkannt würden und tuglich wären.

Diese Stelle umgeht das damalige kritische Verhältniß von Ungarn gegen Schlesien. —

„zulassen geruhrten, daß er daselbst bauen möchte, an Stel-
„len wo es Ihm gefiele, auch andern verleichen, Gruben,
„Stollen, Schörffen, Zechen, Waschwerk, Seiffwerk, Hüt-
„ten, Hüttenstädt, Roßhäuser, allerlei Metallen, wie die
„genannt möchten werden, und die Orbar dazu nehmen
„möchten, vollkommen als solch Bergwerk in seinen eignen
„Landen gelegen wäre, und andern verleihen möchte, Hüt-
„tenstädte, Wasch-Häuser, Mahlwerk, Seiff-Häuser,
„die zum Erz gebühren, zu bauen und aufzurichten zu sei-
„nem eigenen Nutz, oder andern zu Zinse, als denn Berg-
„werks-Gewohnheit ist, und innen halten; haben wir an-
„gesehen seine ziemliche Bitte, auch betrachtet seine manig-
„faltige Nutze Dienst, die er Uns und Unsern Königreichen
„zu Hungarn und Böhmen mannichfaltig zu Ehren und
„Nutz gethan hat, auch noch nicht aufhöret, und in zukünf-
„tigen Zeiten unbezweifelt thun wird, darum mit vorge-
„haltenem Rath und ältesten Räthen und lieben Getreuen
„der Cron zu Hungarn und Böhaim und als ein Fürst in
„Schlesien, daß er oder seine Erben und Nachkommen, in
„vier Meilen, wie oben berühret, in Unsern Landen, die an
„seinem Fürstenthumbe stoßen, und granzen, Bergwerke
„aufrichten mag, die bauen oder bauen lassen, verleihen,
„Gruben, Stollen, Schörffen, Waschwerk, Seiffwerk, da-
„von sein Orbar nehmen, nach Bergwerks-Gewohnheit, es
„sey welcherlei Erze, Gold, Silber, Kupfer, Blei, Zinn,
„Queckſilber, Eisen, oder welch Metall das seyn möchte,
„auch in den vorgeschriebenen vier Meilen, Hütten, Roß-
„häuser, Waschhäuser, Seiffwerk, Mahlwerk zum Erz oder
„andern Nothdurften des Bergwerks, wo es ihme oder sei-
„nen Erben und rechten Nachkommen gefället zu bauen,
„auch andern zu verleihen, darinn schmelzen und einen je-
„den arbeiten lassen nach seinem Gutdünken, was die Noth-
„durft und Bergwerk erfordern, vor Uns und Unsern nach-
„kommenden König zu Hungarn und Böhaim, und von je-

„dermänniglich ungehindert, thun ihme auch diese besondere „Gnade, daß er seine Erben und rechte Nachkommen, nach „Erfindung und Ereigung des Bergwerks, anzuheben 15. „Jahr nächst nacheinander folgend, Frist und Freyheit ha„ben, und nicht länger, und auch jederzeit kein Orbar da„von zu geben nicht schuldig soll, aber zu Ausgang der be„meldten 15. Jahr, so sich aus Göttlicher Vorsehung schi„cket, und die genannten Bergwerk an den Enden baueten, „gewinnhaftig erfunden, daß es wäre an Gold, Silber, „Kupfer, Bley und ander Metall, alsdann soll er uns, „Unsern Erben und Nachkommen schuldig und pflichtig seyn, „davon unser Orbar in unser Königl. Cammer zu reichen, „und mit ihme gehalten werden, also auf andern Berg„werken, wie unser Königreich Recht, Gewohnheit und Her„kommen ist, ohne Gefährde. Zu Uhrkund mit Unserm „Königl. anhangenden Insiegel besiegelt. Geben zu Ofen „Midwochen vor St. Lorenz Tag, nach Christi Geburt, „Ein Tausend fünf Hundert und fünf Jahre Unserer Rei„che des Hungarischen im 15. und des Böhmischen im 34. „Jahre."

Der Inhalt dieser Urkunde, kann auf den ersten Anblick täuschen, und die Meinung erregen, sie spreche von einem Bergwerksregal des obersten Landesherrn — des Königs; weil darin von „vorgehaltenem Rath Aeltester, Räthe „und lieben Getreuen der Cron zu Hungarn und Böh„men" und von künftigen Abführen der Bergwerks-Abgaben (Orbar) in „die königliche Cammer „ingleichen von Berg„rechten wie unserer (der Böhmischen und Ungarischen) Kö„nigreiche, Recht, Gewohnheit und Herkommen, ist."

Diese Stellen beweisen aber dergleichen keinesweges, denn sie rühren daher: daß, wo um bie Gränzen des Fürstenthums Liegnitz von Bergbau in Schlesien irgend die Rede seyn konnte, solcher Bergbau in die Erb-Fürstenthümer des Königs traf, deren Einkünfte durchgehends in die Königl. Cammer=Casse flossen. Es ist hierbei, was den damaligen Umfang des Goldberger Bergbaues betrifft, beiläufig zu bemerken: daß derselbe sich gegen Niclasdorf, Strachwitz und Wandis in der ersten Hälfte des vierzehnten Jahrhunderts so ausgedehnt, daß um seinet Willen die Herzoge Wenzel und Ludwig von Liegnitz 1345., dem ersten dieser drei Oerter Stadtrecht ertheilten *); doch muß die Ausbeute nicht allzu groß gewesen seyn, weil eben jene Herzoge 1349. jene Bergwerke „zu Goldberg Nicolstadt, „Strachwitz und Wandis" der Stadt Liegnitz um 700 Mark verpfändeten. Schon um 1364 **) waren sie verlassen, und erst 1404. machte Herzog Rupert von Liegnitz einen ernsten Versuch, diesem Bergbau wieder aufzuhelfen. Die Nachricht, welche Thebesius hierüber***) mittheilt, eignet sich hier wörtlich einzurücken, da er leider die vollständige Urkunde, wegen ihrer Weitläuftigkeit nicht hat abdrucken lassen.

„Nachdem Herzog Rupertus zu Liegnitz lange „Rath gepflogen, und sich bekümmert hatte, woran es lege, „daß die vormals so reichen Goldbergwerke zur Nicolstadt „und an andern Orten so gar vertrocknet; bekam er nun= „mehro große, wiewohl vergebene Hoffnung, solche wieder „in vorigen Stand zu bringen. Beruffete derowegen einen „in dieser Sache wolerfahrnen Geistlichen Herrn Michaë= „lem von Deutschen=Brodt Pfarrern zu St. Albrecht in „der Pragerischen Neustadt; dieser versprach ihm durch sei= „ne Kunst das Wasser, welches zu Goldberg und Nicol= „stadt die weitere Arbeit zernichtet hatte, ohne Roß= und „Pferde=Mühlen auszuziehen, daß man in fernern Hauen „und Brechen des Metalls, nicht mehr gehindert werden

*) S. Thebesius a. a. O. S. 200.

**) ebend. S. 222.

***) a. a. O. S. 251.

„solle. Dannenhero privilegirte ihn ermeldter Herzog Ru-
„pertus vor sich und seinen Hrn. Bruder Wenceslaum
„Bischoffen zu Breslau, als Mit-Erbherrn zu Liegnitz,
„Goldberg und Niclaßdorff, mit Rathe seiner Ritter, Land-
„leute und gedachter Städte, daß wenn er solches ins
„Werk richten könne, er und seine Freunde oder Erben,
„denen er solches durch letzten Willen verließe, ein freies
„Achttheil, oder die 12te Mr. oder Loth, Gold und Silber,
„oder ander Erz, erblich und ewiglich von der Ausbeute be-
„sitzen solle, derogestalt daß vom Gold und Silber dem
„Herzoge voraus der achte Theil gebühre, hernach dem
„Künstler auch der achte Theil, wer es aber lernen wollte,
„sollte ihm hernach ebener Gestalt den 8ten Theil geben.
„Ferner verleihet ihm der Herzog die Bergwerke zum Gold-
„berge Nicolstadt, (wie ihre Gugse und Oerter in solchem
„Privilegio beniemet), als nemlich in dem ersten Goldnen
„Schlag, Golden Rad, Fuchs-Winkel und auf der Hube;
„in dem andern zum Sperlinge, Cranisch-Grunde, zu den
„jungen Mäusen, zu den alten Mäusen, bey der Mühle,
„bey dem See, zum Reisicht und rothen Berge, zum Mo-
„sentzern, Knegnitschern, Molatschern u. s. w. auf 3. Jahr
„zu bauen, dabey ihm auch die Jurisdiction über seine
„Leute und Arbeiter verliehen worden, bey Straffe 50.
„Mark lötiges Goldes wider diejenigen, so ihn oder die
„Seinigen hindern. Zugleich sagen ihm die Stadt Liegnitz
„wegen des Nicolstäter, und die Stadt Goldberg wegen des
„Goldbergischen Werkes Schirm und Schutz zu, daher sie
„auch solchen Fürstl. Brief gleichfalls mit ihren anhangen-
„den Stadt siegeln bekräfftiget. Geschehen Montag nach
„St. Lamperti Tag (22sten September) 1404."

Die schreckliche Verwüstung, welche Goldberg und jene ganze Gegend (besonders 1428) von den Hussiten erlitt, brachte den Bergbau abermals zum Erliegen, und es mangelt an Nachrichten, daß von da bis 1505. zu dem neuen

An-

Angriff desselben etwas wesentliches unternommen worden. — Als in diesem Jahr Herzog Friedrich II. sich dazu entschloß, mußte er sehr natürlich darauf denken, sich unverritztes Feld zu verschaffen, da dieser Bau, weil das Goldsand-Flötz als meist söhlig und nicht mächtig, große Flächen fordert. Diese Rücksicht veranlaßte ihn zur Auswirkung des eben angeführten königlichen Privilegii, aus welchem er aber auch keinen großen Nutzen zog, wie schon sein und seiner Nachfolger Schuldenwesen beweist.

Das Erwähnen des „Rechts der Aeltesten, Räthe und „lieben Getreuen der Cron Hungarn und Böhelm" ist offenbar nur eine aus dem alten Canzlei-Styl herüber beibehaltene Floscul. Das Vorschreiben des „auf andern Bergwerken im Königreiche Hungarn und Böhmen gel„tenden Rechts, Gewohnheit und Herkommens" dagegen steht ganz an seinem Ort, denn ungarisches und böhmisches Bergrecht bildete, wie schon oben erwähnt, die Grundlage des Schlesischen, oder galt vielmehr als gemeines Schlesisches Bergrecht, während jeder Inhaber des Bergregals oder auch Jeder, welcher „die Voigtei über Bergwerke" besaß, statutarische Berg-Ordnungen für diese Bergwerke erließ. —

Der König Wladislaus wollte sich, indem er das vorstehende Privilegium „als ein Fürst in Schlesien" ertheilte, diesen Theil seines Herzoglichen Berg-Regalitäts-Rechts in gewissem Grade vorbehalten, und durch jene Clausul hindern: daß der privilegirte, innerhalb des ihm zum Bergbau eingeräumten Landstrichs, Bergrechte einführe, welche mit jenem gemeinen Recht in Widerspruch ständen. Zugleich spricht sich das Privilegium, wärend es einer Seits alle möglichen, bei dem Berg- und Hüttenwesen damals denkbaren Anlagen und Verfügungen dem Herzog Friedrich in dem gedachten Landesstrich einräumt, auch ganz klar darüber aus, daß diesem — wie jedem andern

Schlesischen — Herzog alle solche Rechte „in seinem Fürstenthum zustanden.“

§. 14. Zwei Reichensteiner Urkunden.

α) Wegen Zehntwesen.

Eine noch mehr in die Einzelheiten eingehende Urkunde dieser Zeit, ist die den Freitag nach Bartholomäi 1502 von den Herzogen Albrecht Georg und Carl zu Münsterberg ausgestellte Bestätigung des Inhalts eines Abkommens *), wodurch ihr Vater, Herzog Heinrich zu Münsterberg, Oels und Graf zu Glatz, die früherhin dem Stifte Camenz verliehenen Bergwerke zu Reichenstein, wieder an sich gebracht. In diesem Abkommen, kommt neben andern Gegenständen vor, „daß der Zehndt in allerlei Erz, welcherlei Metall allda funden und erbaut wird, zu der Fürstlichen Urbar und Obrigkeit pflegt genommen zu werden, „als gemeiniglich auf allen Bergwerken Gewohnheit und „Schuld ist“ Von diesem Zehnten soll ein Zehntel aus dem Urbar dem Stifte verabreicht werden „auf daß das löbliche „Gestift zunehme und der Dienst und Lob Gottes und der „Jungfrau Mariä gemehrt und desto fleißiger gehalten „werde, auch um (des Herzog Heinrich und seiner dies bestätigenden Söhne) Seelen-Seligkeit willen, damit sie sich „der guten Werke des gedachten Stifts und des ganzen „Ordens theilhaftig machen mögen.“ —

Wir sehen in dieser Urkunde, außer dem eingeführten Zehnt für den Herzog, und dessen freien landesherrlichen Verfügung über das Bergwesen in dem Herzogthum zugleich, das — in diesem Fall gelungene — Streben der Geistlichkeit, sich vom Bergbau einen Zehnt zu verschaffen. Dieses Streben mag an vielen Orten zeitig hervorgetreten, und vielleicht der erste Anlaß zu den Freikuxen für Kirchen

*) Abgedruckt bei Heinze a. a. O. S. 54.

und Schulen geworden seyn; doch ist in Schlesien nichts besonderes darüber zu documentiren, außer daß 1563 die Stadt Beuthen, weil sie von ihrem Bergbau, ihrem Pfarrer keinen Zehnt reichen wollte, von dem Bischoff in den Bann gethan, und deshalb von den aufgebrachten Bürgern der Pfarrer in dem Margarethen-Teich ersäuft, dadurch aber die Fortdauer des Bannes auf 70 Jahr, und wegen dieses Umstandes, der damalige Verfall des dortigen Bergbaues veranlaßt wurde.

β) Wegen Erbstollen.

Ein, für die Kenntniß der Bergwerks-Verfassung, in jener Zeit ebenfalls wichtiges Document, ist das von den obenerwähnten beiden Herzogen, Albrecht und Carl zu Münsterberg (Oels, Dienstag nach Kreutzes Erhebung 1506 *)), dem Stift Camenz ertheilte Privilegium (Belehnung), über den Erbstollen und zween Lehn am goldnen Esel zu Reichenstein. In diesem Privilegium wird, auf des Abts Simon und seiner Gewerken Ansuchen, ein „an „der Förder (Förderung) goldner Esel belegner Suchstollen „— nachdem ihn die Herzoge in eigner Person besich-„tigt, und mit Erz erbauet und fündig befunden, darum „— zu einer Erbstolle gemacht und confirmirt" dabei wollen die Herzöge, zugleich der Abt und seine Gewerken „aus sonderlichen Gnaden und Ansehung merklicher Baue, „so um den Stollen geschehen, zwei Lehn in ihrem Friet „und Feld" (d. h. in landesherrlichem Bergfreien), „so „um den Stollen gelegen, zu strecken und vermessen **) „lassen, wenn der Herr Abt und seine Gewerkschaft wollen „und ihnen am nützlichsten seyn würde; und mögen die

*) Abgedruckt bei Heinze a. a. O. S. 58.

**) „Vorniessen," wie bei Heinze steht, ist offenbar ein Schreibfehler.

„Lehn mit dem Erbstollen bauhaftig halten. Wo sich aber „aus zufälligen Ursachen ergebe, daß man den Stollen nicht „bauen möchte, so soll der vielgenannte Herr Abt mit sei„nen Gewerken zu dem Erbstollen und zween Lehn ein Jahr „Frist haben und sodann der Erbstollen mit dem Ort fort „in ein frei Feld getrieben und gebauet würde, so soll der „Herr Abt und seine Gewerken die erste Muthung haben."

Wir sehen hier eine Stollner-Gewerkschaft mit dem Abt Simon als Lehnsträger an ihrer Spitze, deren Stollen als Erbstollen anerkannt wird, weil er fündig ist. Von einer Erbteufe kommt nichts vor, vielleicht legte man auf die Teufe keinen Werth, sondern auf die Wichtigkeit des Stollens, obgleich der hier erwähnte noch vorhandene Stollen wirklich eine sehr große Teufe einbringt. — Zu diesem Erbstollen werden zwei Lehn (wie etwa in neuern Zeiten eine Anzahl Maaßen) gewährt. Ein Lehn betrug in Reichenstein (wie aus einem alten Bericht über die dortigen Gruben und Hütten hervorgehet), ein Feld von 21 Lachter Länge und 11 Lachter Breite. —

§. 15. Schlesische Standesherrschaften, und insbesondere von den Berg-Regalitäts-Verhältnissen der Standesherrschaft Pleß.

In die Zeit des Königs Vladislaus fällt die Entstehung der Standesherrschaft Pleß als einer solchen. Ihrer ist, wegen des Bergwerks-Verhältnisses, hier besonders zu erwähnen. Es hat damit folgende Bewandniß. Das Pleßner Land war bisher bei dem Herzogthum Ratibor gewesen, und hatte lange Zeit mit diesem und dann auch mit dem Herzogthum Troppau einerlei Herrn gehabt, wobei dieses Land als ein besonderer Distrikt jener Herzogthümer angesehen worden *).

*) Dies spricht z. B. eine Urkunde (in v. Sommersberg Diplomator. Bohemo Siles. XLIX) deutlich aus, in welcher

Da der Begriff eines einzelnen Schlesischen Fürstenthums, ursprünglich nicht durch feste statistische Landesbegränzung, sondern durch den Umstand begründet ward: daß ein gewisser Strich des Landes durch Erbtheilung, oder auf andere Art, das Gebiet eines geborenen oder gewordenen Schlesischen Fürsten bildete, so war auch dies Pleßner Land damals kein besonderes Fürstenthum, wurde aber doch als ein für sich bestehender Distrikt angesehen. Nach der Vertreibung Herzogs Wenzel zu Troppau und Ratibor, fiel es mit diesen beiden Ländern durch Confirmation, an den Lehnsherrn König Mathias. — König Wladislaus übertrug zuförderst, für 20,000 ungarische Goldgulden, dem Herzog Heinrich von Münsterberg (Freitags nach Luciä 1474. „Schloß Pleß, sammt der Stadt" und gab es ihm in der Folge — nachdem Herzog Wenzel gestorben — „zum Fürstenthum, genannt Pleß" nebst „dem Schloß und der Stadt Sorau, Schloß und Städtchen Rybnick, mit der gesammten Ritterschaft, Mannen, „Bürgern, Scholzen und freien Leuten und Bauern, durch „einen Lehnbrief, datirt Prag Dienstag in Vigilia des S. „Johannes des Täufers 1478, mit der Herrschaft und dem

sich mehrere Edelleute jener Gegend (zu Wielun? — Wilna — Sonntag nach Pfingsten 1407) für den Herzog Johann von Oppeln und Ratibor (— unter Stipulation eines im Nichterfüllungsfall von ihnen zu leistenden Einlagers mit vier Pferden, in Cracau —) verbürgen, daß er bis zu nächstem Fest Johannis des Täufers, für das seiner Gemahlin Helene zu versichernde Dotalitium von 3000 Mark große Prager Groschen, eine Verpfändungs-Urkunde auf die Städte Pleß (Plochzina) und Berun und deren „Districtibus, vasallis, et singulis Dominiis, quocunque jure mero sive „mixte" beschaffen werde.

Andere Beweisstücke sind angeführt in Zimmermanns Beiträgen zur Beschreibung von Schlesien Bd. II. S. 48. u. f.

„Fürstenthum“ — „Zugehörungen ob und unter der „Erde, mit was für Namen immer dieselben genannt oder „beschrieben werden könnten“ unter der Befugniß dies Für„stenthum zu verkaufen, zu versetzen, zu verpfänden“ u. s. w.

Herzog Heinrich vertauschte dies Land an seinen Bruder, den Herzog Victorinus, gegen Collin in Böhmen welcher es an seinen Schwager und Schwiegersohn Herzog Casimir von Teschen abtrat, worüber er von dem König Wladislas eine Bestätigung (datirt Ofen Freitag nach Bartholomäi 1484) erhielt, worin das bestehende Lehn in Allodium verwandelt ward.

Bis dahin war Pleß ein unläugbares Fürstenthum, denn es war das Gebieth geborner Schlesischer Fürsten, und da es, in den eben erwähnten Urkunden, als für sich bestehendes Fürstenthum erscheint und behandelt wird, so hätte es — wenigstens von nun an — wenn nicht eigentlich schon früher (indem die oben angeführte Urkunde von 1407. es doch auch schon als für sich bestehend betrachtet) auf den Fürstentagen, als solches ohnfehlbar eine eigne Repräsentation erhalten. Dies fand iedoch aus dem einfachen Grunde nicht statt, weil die Fürsten, welche Pleß, wie eben angeführt, erworben und als Eigenthum inne hatten, gleichzeitig schon früher erlangte, andere Fürstenthümer besaßen, die Repräsentation auf den Fürstentagen aber eine eigentlich persönliche war, und der Herr mehrerer Fürstenthümer doch immer nur eben so, wie der eines einzigen, nur Eine Stimme hatte. Herzog Casimir verkaufte (zu Freistadt, Donnerstag am S. Vincens) 1517. die Herrschaft Pleß, „mit der ganzen Herrschaft und „Rechten“ um 40,000 ungarische Goldgulden dem Alexius „Turzo von Bethlem-Falva (— Bethlehems-Dorf —). Da dieser kein Schlesischer Fürst war, so hatte er auch keine Schlesische Fürstenwürde, folglich konnte ihm nicht das

Fürstenthum Pleß, sondern nur dessen Complexus als Herrschaft verkauft werden, und so entstand die eben gedachte veränderte Benennung. Alexius Turzo verkaufte die Standesherrschaft Pleß 1528. an seinen Bruder Johannes Turzo von Bethlemfalva (Freiherrn zu Wohlau, Steinau und Pleß), und dieser verkaufte (Pleß Dienstag vor Apost. Mathias 1536.) von der Herrschaft Pleß dem Stanislaus Salomon das Städtchen Myslowitz, nebst mehrern Dörfern, unter andern auch „mit al„lerlei Herrlichkeiten und Nutzungen — zusammt dem Gold„Silber- Kupfer- und Blei Erz auch sonst allerlei Erz „keines ausgenommen über der Erden und unter der Er„den, desgleichen auch Schwefel, so sichs zutrüge, daß sol„ches Erz auf denselben Gütern gefunden werde."

Die weitere Auseinanderlegung dieses, auch in anderer Beziehung merkwürdigen Kaufbriefes, gehört nicht hieher.

Der nämliche Johann Turzo verkaufte hiernächst (Wien den 20sten Januar 1546), die ganze übrige Herrschaft Pleß, an den Balthasar vom Promnitz, Bischoff zu Breslau. Da dieser Bischoff als solcher, obgleich nicht durch Geburt, Schlesischer Fürst war, so wäre die Frage entstanden, ob er das Land nicht als Fürstenthum an sich bringe, obgleich es nur aus nicht fürstlichen Händen an ihn gelangte. Kaiser Ferdinand I. ließ aber in seinem Bestätigungs- und Verreichs-Briefe über diesen Kauf (datirt Schloß Prag den 5ten Februar 1549.) darüber keinen Zweifel übrig, denn obgleich er dem Käufer und dessen testamentarischen oder Intestat-Erben und deren Nachkommen „solche Herrschaft Pleß sammt dem Schloß und „Städten auch Weichbildern, Mannschaften, Lehnschaften, „Lehnfällen" — „auch mit allen andern fürstlichen Rechten, Herrschaften, Einkommen, Fruchtbarkeiten, Nutzungszins ober und unter der Erden" verreicht und alle darüber vorhandenen Handfesten bestätigt, so nimmt er doch von diesem Verreich, Hinsichts der künftigen Erben des Bischoffs und deren Nachkommenschaft „Ausländer und „sonderlichen Fürstlichen Standes und geistlichen Personen“ aus, verordnet, daß die Herrschaft nicht getrennt werde, sondern „wie bis anhero verbleibe und heiße,“ und daß de„ren Besitzer“ und derselben Erbeserben, für und für in „Ewigkeit, Freiherrn- und Freifräulein Standes der Herr„schaft Pleß sich — schreiben, nahmen und von männigli„chen in Fürsten auch Land-Tagen und gemeinen des Lan„des Schlesien Zusammenkünften, Oberrecht und sonsten da„für gehalten und geehret werden sollen, wie die andern „Freiherrn, doch nach der alten Herren Geschlechtern, ver„möge unserer derohalben aufgerichteten Ordnung“ wobei alle solche Erbnehmer der Herrschaft Pleß, zugleich in den Reichs-Freiherrn-Stand ausdrücklich aufgenommen wurden. — Es ergiebt sich hieraus deutlich und bestimmt, der staatsrechtliche Begriff der Schlesischen standesherrlichen Würde. Nicht das Regieren von Ständen, noch weniger das Stehen bei Huldigungen (zum Unterschied von wirklichen Fürsten, welche knieeten), bildet diesen Begriff, denn der erstere Umstand bleibt ein zufälliger, der letztere ist spätern Ursprungs; sondern der, dem Herrn eines Theils eines Fürstenthums, von dem obersten Lehns- und Landesherrn zugesprochene Stand, in den Landtags-Versammlungen bei den Fürsten, ohne gleichzeitige Ertheilung fürstlicher Personal-Ehren-Rechte und Prädicate, characterisirt diesen Begriff.

So verwandelte sich das Fürstenthum Pleß, durch die Persönlichkeit seiner Erwerber, in eine Standesherrschaft. Das auf die Standesherrn in Folge jener Urkunden übergegangene Bergregale, ex Jure ducale, ist ihnen auch bei allen folgenden Confirmations- und neuen Lehnbriefen, mit denselben Ausdrücken bestätigt worden, namentlich von 1651. 1658. 1715. und als König Friedrich II. mittelst „Allodial-

Briefes" vom 18ten July 1748. sämmtliche Schlesische Besitzungen des letzten Grafen Promnitz in Schlesien für wahre Allodia erkannte, bestätigte er auch, der darunter begriffenen Standesherschaft Pleß, alle bisherigen „Regalien und Herrlichkeiten" und so besitzt sie die Familie der dermaligen Standesherrn — Fürsten zu Anhalt Cöthen noch heut, daher auch im Jahr 1824. (conf. Berlin, den 12ten May 1824), Seitens des Staates mit dem regierenden Standesherrn, ein förmlicher Receß über dies Bergregale abgeschlossen worden. —

Von besondern Bergwerks-Verleihungen der Standesherrn zu Pleß, an Privatpersonen, ist die den 30sten August 1567. vom Standesherrn Carl v. Promnitz dem Jan Skuwan auf ein Jahr „bewilligte Bergmuthung in der Herrschaft Pleß" zu erwähnen, worin dem Skuwan erlaubt wird, in der Herrschaft Pleß auf allerlei Metall „einzuschlagen, zu schürfen, zu senken und Waschwerk anzustellen." Die jüngern Standesherrschaften und Minder-freie Standes-Herrschaften in Schlesien, befinden sich fast durchgehends in Gegenden, in denen kein Bergbau getrieben wirt, daher sie in ihren Stiftungs- und ursprünglichen Lehn-Briefen nichts darüber enthalten. Von dem Bergwesen in der Standesherrschaft Beuthen, wird weiter unten (in der folgenden Periode) umständlich die Rede seyn.

§. 16. Bergwerks-Begnadung für Kupferberg.

In der Regierungszeit des Königs Ludwig von Ungarn (1516 — 1526) erfolgte die Wiederaufnahne des Kupferberger Bergbaues, worüber ein sehr merkwürdiger Confirmations- und Gnaden-Brief König Ludwigs (Ofen Sonnabend nach Valentin 1519) Kunde giebt, in welchem der König „aus hungarischer und Böhmischer Königlichen „Macht, als Herzog in Schlesien" den Kauf des

Dippolt von Burghaus um „Schloß und Stadt Kupfer„berg, das wüste Schloß Poltzenstein, Janowitz und Walters„dorf" bestätigt, zugleich aber Begnadungen beifügt, insbesondere „daß Kupferberg dieselben Rechte wie andere Städte „und Bergstädte" genießen soll. Weiterhin sagt dieses Do„cument wörtlich:

„Dieweil dann auch Hans Dippolt auf denselben mehr „gemeldeten Gütern, Gebirgen und Gründen durch schwehre „Kostung um merklich darlegen, etzlich Bergwerk zu bauen, „auch beym umbliegenden Bergwerken zu bauen, und Erbt„ten vorgenommen, darauf uns, unserm Nachkommen, auch „unseren Landen und Unterthanen waß nutzbarliches und „tröstliches erfolgen möchte, und damit er ferner geursacht „würde, desto mehr Darkost darauf zu wenden, statthafti„ger zu bauen, und uns unsern Unterthanen Nutz darauf „erspriessen möge, haben Wier mit vorgehabtem Rathe un„serer Räthe und lieben getreuen vorbedächtig, und mit „rechten Wissen, Ihme, seine Erben, und Nachkommen „diese besondere Gnade gethan, vorschreiben und hiermit, „wie es von Uns aus Hungarischer und Böhmischer Macht „als Herzog in Schlesien, am kräftigsten, Ihme, seinen Er„ben am nothdürftigsten geschehen möge, und solle ver„schreiben bescheidentlich und also, wo auf den vorgenann„ten Güttern Gründen und Gebürgen einigerley Goldt „oder Silber-Erzt erbaut und gefunden würde, daran sich „wes zu Unser, oder Nachkommen der Könige Regalien und „Cammer Rechte ziehen von Rechts oder Gewohnheit we„gen gebühren, oder zustehen wollte, daß soll derselbe Hans „Dippolt von Ihme anzustehen bis auf den dritten Leib, „in einer Summa Geldes, neml. Zehen Tausend Ungarisch „Gulden in Golde, und Gewichte gutt und rechtfertig zu „einem rechten wiederkauff mit Zehenden, allen Urbar, Herr„lichkeit und Nutzungen, nichts münder, als Wir selber „Inne haben, und gebrauchen, nach seinem, und zweyer

„Leibnachfolgenden Gutdünken und gefallen, und nach Ab-
„gang solcher dreyleib erst, und nicht eher, wann es Uns
„aber Unsern Nachkommenden Königen gefällig, sollen Wier
„oder Sie Macht haben, dieselben Unsere Regalien und
„Königl. Recht, am Goldt und Silber Ertzt, wie vorgemel-
„det, mit Zehen tausendt Hungar. Gulden in Golde zufri-
„nen, und wieder zu kauffen, und wann Hansen Dippolten
„seinen Erben und Nachkommen nach Abgang der dreyen
„Leibe solche Summa Zehen tausendt Gulden Hungar. zu
„ihren sichern Handen geantworthet werden, soll Er, Sie,
„Uns, Unsern Erben, dieselben Unsere Regalien unwider-
„sprechlich einzuräumen verbunden seyn, Sonder alles an-
„der Metall, Ertzt, Kupfer, Bley, Eisen, Stahl, Ziehen,
„wie das Nahmen hat, außerhalben Goldes oder Silbers,
„so daselbst auf den Güttern Gebürgen oder Gründen er-
„funden wird, daselb alles soll Hans Dippolten, seinen Er-
„ben, und Nachkommen, mit allen und jeden Herrlichkei-
„ten, Urbar, Zehenten, und davon bekommenden Nutzun-
„gen, Nichts davon entschlossen, Erblich und Ewiglich fol-
„gen und bleiben, damit wie mit seinem und ihren proper
„Guthe ganz mächtiglichen zu thun und zu lassen."

Hier wird also das Bergregale in vollster Ausdehnung, das darunter begriffene Abgaben-Erhebungs-Recht aber nur auf dreier Leiber Leben und dann, um 10,000 Ungarische Gulden, wieder einlösbar verkauft. Das Rechtsfundament des Bergregals wird übrigens sehr bestimmt in dem Königlichen, nicht in dem Herzoglichen Recht gesucht, und zwischen beiden der ursprünglich nicht vorhandene, aber seit der Böhmischen Lehnsherrschaft, und am meisten seit dem König Mathias von Ungarn, eingeschlichene Unterschied, klar angedeutet.

Ein Landeshauptmannschaftlicher Verreichs-Brief (Schweidnitz den 20sten Februar 1679), für den Käufer von Kupferberg, Poltzenstein, Janowitz und Waltersdorf, Grafen von Promnitz, zählt unter den Zubehörungen derselben auf: „Bergstätte, Bergwerke, Zechen aller und jeder Metalle, „an Gebirgen, Bergen, Gründen, Auen, Zechen, Erbkuxen, „Zehndten, Seigern- und Schmelz-Pochwerken."

Folglich besaßen diese Güter, wenigstens damals, noch das Bergregale, mit Einschluß der Bergwerks Abgaben-Rechte.

Vierte Periode.

Von 1526 bis 1740. Schlesien unter Böhmischen Regenten des Oesterreichischen Hauses.

§. 17. Bergwerks-Vertrag Ferdinand I. in Böhmen.

Als frei wählendes Volk — nicht als Bestandtheil Böhmens — und nur nach einer wahren Wahl-Capitulation, welche Schlesiens Integrität als selbstständiges Land, so wie seine Freiheiten und Privilegien anerkannte, nahmen die Schlesier König Ferdinand den ersten von Böhmen als ihren Landesherrn an, nachdem König Ludwig bei Mohacz gefallen war. —

Wie die lange Reihe von Regenten, welche Ferdinand dem ersten folgten, nur zu oft des Volkes Hoffnungen täuschten; wie im Beginn des dreißigjährigen Krieges mit Kraft und Ernst, und 1633. mit Aengstlikeit und ohne feste Ausdauer, Schlesien das Joch des bigotten Tirannen Ferdinand II. von sich zu wälzen, vergeblich suchte, und wie nun von da an, das Volk mehr und mehr unter zum Theil kleinlichen, mit Heuchelei übertünchten Anmaßungen und Bedrückungen seiner Herrscher erlahmte, und so entfremdet dem Interesse seines Landesherrn, den Eroberer, welcher ihm eine bessere Regierung zusagte, als Befreier empfing — das

Alles schildert die Geschichte des Landes *). Einzelne Züge zu diesem lehrreichen, obgleich unerfreulichen Bilde, werden sich in Betreff des Bergwesens auch hier vorfinden. —

Die vorliegende Periode begann durch Ferdinand I. mit einem Fürsten, welcher — so zweifelhaft man auch über seinen Charakter seyn mag — als Staats-Verwalter, unläugbare Verdienste hatte. Sein Geldbedürfniß, und vielleicht auch ein edleres Interesse veranlaßte ihn, dem Bergwesen in Böhmen und Schlesien besondere Aufmerksamkeit zuzuwenden, und so publicirte er, in Folge eines, Montags nach Reminiscere 1534. zu Prag abgehaltenen Böhmischen Landtags (Prag Montag vor Palmtag 1534), ein von ihm „mit den Ständen, als Herrschaft, Ritterschaft, und auch „den Pragern, beide alt und neue Stadt" geschlossenes Abkommen „wie es um allerlei Metall, hoch und niedriges, „die sich in dem Königreich ereignen möchten, sonderlich „aber um Gold und Silber gehalten und verhalten wer„den soll.

Dieser Vertrag **) des Landesherrn mit seinen Ständen, ging zwar in seiner Entstehung Schlesien nichts an, denn die Schlesischen Stände hatten daran keinen Theil genommen, auch schweigt er von denen, dem Königreich Böh-

*) S. besonders Menzel a. a. O. und in seiner Schlesischen Geschichte.

**) Wagner a. a. O XII. weißt nach, wo dieser Vergleich und die weiter unten vorkommenden späteren Böhmischen Berg-Gesetze gedruckt zu finden. Nachzutragen bleibt aber ein guter Abdruck, unter dem vollständigen Titul: „Gesammte im Herzogthum Ober- und Nieder-Schlesien von „Ihrer Majestät Kaiser Rudolpho dem andern, zum „Nachverhalt vorgeschriebene und zur Zeit in Berg Sachen „übliche Ordnungen und Verträge. Erstens: Ihre Kaiserl. „Majestät Ferdinandi I. Vertrag mit denen Ständen im Kö„nigreich Böhmen. Andertens Höchstbesagter Majestät

men incorporirten Ländern; er steht jedoch so nahe in geschichtlichem Zusammenhange mit allen folgenden Berg-Ordnungen des Landes, daß er deshalb hier eine nähere Betrachtung seines Inhalts erfordert.

Ausgegangen — obgleich dies nicht ausdrücklich erwähnt — ist von dem Grundsatz der goldnen Bulle, von der Regalität des Salzes und der Metalle; da aber dieser Grundsatz in Böhmen wohl nie eine durchgreifende Anwendung gefunden, so wird er in diesem Vertrage sehr gemildert, denn es wird den Ständen (§. XII.) „diese sonderliche Gnade erzeigt, daß der König und seine Nachfolger ihnen in die niedern Metalle, als nämlich Messing, Zinn, Eisen, Blei und Quecksilber (wie sie zuvor von Alters her — in diesem Königreich sich dessen gebraucht und genossen), keinen Einhalt oder Eingriff thun wollen, sondern ihnen das einräumen und zulassen." Von einer Abgabe an Zehnt oder dergleichen, ist hierbei nicht die Rede. Salz behält sich der Staat unbedingt, Gold und Silber aber in dem Maas (§. II.) vor, daß kein Grundherr die Aufnahme eines Bergbaues darauf hindern, vielmehr wo sich solche Metalle finden, durch „seinen Bergmeister, darauf Schürfscheine und Belehnungen ertheilen soll." Von dergleichen Gold- und Silberbergbau erhält der Grund-

---

„Ferdinandi I. 1548. errichtete Joachimsthalische Berg Ordnung. Drittens Ihro Majestät Maximiliani II. 1575. mit den Böhmischen Ständen aufgerichteter Vertrag. Viertens Ihro Majestät Rudolphi II. A. 1577. erlassene neue Berg Ordnung im Herzogthum Schlesien. Jauer, gedruckt bei Jungmann 1740.

Aus dieser Sammlung ist die Joachimsthalsche Bergordnung auch mit dem eignen Titul „Berg Ordnung des freien Königl. Bergwerks Sanct Joachimsthal u. s. w. Jauer druckts J. C. Jungmann 1740." besonders abgedruckt.

herr den halben Zehnten, die andere Hälfte des Zehnten aber, Ueberkauf (Vorkauf?) und Schlag Schatz, verbleiben dem König, welcher die Mark fein Silber (= 1 Mark 1 Quent. Nürnbergisch) den vorhandenen Gewerkschaften mit 7 Gulden Rheinisch 14. w. Groschen 6 w. Pfennige bezahlt. Kann oder will (§. VIII. IX.) die Münze, binnen 14 Tagen, von dem Angebot für diesen Preis das Silber nicht kaufen, so mögen alsdann Grundherrn und Gewerken solches Silber, nach Belieben anderwärts veräußern, was sie aber dann über den eben erwähnten Preis erhalten, kommt dem König zu gut.

Vom Golde fehlen alle solche Bestimmungen. —

Außer dem halben Zehnt, genießen (§. IV.) die Grundherrn von dem auf ihren Territorien vorkommenden Gold- und Silber-Bergbau, allemal vier Erbkuxe, wogegen sie, wenn sie Forst besitzen, den Gewerkschaften das Holz zu den Bauen unter Tage umsonst, das zu den Bauen über Tage „zu Häusern, Schmelzhütten, Kohlhäusern, Küchen-„werken, zum Kohlen und allerlei Nothdurften“ für einen billigen Preis überlassen müssen, der, wenn eine gütliche Einigung nicht statt findet, durch die Kreis-Hauptleute, und wenn auch diese die Sache nicht vertragen können, durch den obersten Münzmeister, regulirt werden soll. — Hierbei ist ausdrücklich bemerkt: daß der Grundherr die vier Erbkuxe erhält, wenn er auch aus Mangel an Forst, kein Holz gewähren kann. Der König bewilligt (§. V.), „daß alle Bergleut und sonst andere Leut, welche auf den „Grund und Boden wo ein Bergwerk ist, sich niederlassen, „dem Grundherrn mit aller Obrigkeit sie zu regieren und „mit aller Unterthänigkeit und Mannschaft verbunden und „verwandt seyn sollen.“

Hierin liegt nicht bloß dem Namen, sondern auch der Sache nach, eine wirkliche Bewilligung, indem nach alter Verfassung dergleichen Verhältniß nicht statt fand, vielmehr das Bergvolk von der Unterthänigkeit frei, nur der Königl. Kammer unterworfen war. Eben darum mußte eine solche veränderte Bestimmung in dem Vertrage ausdrücklich erwähnt werden. Hervorgegangen mag sie übrigens seyn: aus Anmaßungen der Grundherrn einer- und Schutz-Bedürftigkeit des Bergvolks andrer Seits, wärend der langen Zeit, in welcher Böhmen durch innere Unruhen erschüttert und die Königsgewalt schwach war. Keine solche neue Einrichtung, sondern ein bloßes Anerkenntniß, der den Grundherrn schon nach dem Sachsenspiegel zuerkannten Voigtei über die Bergwerke, auf ihrem Grund und Boden, findet sich (§. VI. und XI.) in den Bestimmungen des Vertrags, wonach alle Anstellung und Absetzung von Berg-Amt-Leuten, ohne Ausnahme den Grundherrn zusteht, diesen der Diensteid geleistet und nur vom Zehntner, Silberbrenner und Bergmeister zugleich geschworen wird: „soviel „das Königl. Einkommen betrifft zu des Königs Nutz zu „suchen und zu handeln und darüber weder des Grundherrn „noch Jemandes Andern zu schonen.“

Eben so stimmt es ganz hiermit, daß jährlich, oder so oft es nöthig, der oberste Münzmeister des Königreichs die Bergwerke zwar bereisen soll, jedoch nur die „von denen „die Krone Einkommen hat“ (also nur Gold- und Silber-Bergwerk) und daß, wenn er hierbei Mängel findet, er solche „mit Hülf und Rath des Grundherrn, (da ihm — dem „obersten Münzmeister — solches allein nicht zuständig) zur „Besserung zu bringen, wenn dies aber in Güte nicht mög„lich, den Grundherr vor des Königs Person oder dessen „Räthe vorladen zu lassen hat, und durch diese dann neben „der Billigkeit und Gerechtigkeit befunden und erkannt „werden soll was wirkliche Bergrechtliche Gegenstände be„trifft,“ wobei ausdrücklich bemerkt ist: „daß in andern „Wege der Münzmeister sich in die Rechtsverwaltung der „Grundherrn, wo das Bergrecht ist, über ihren Grund

„und Boden und über die Bergleute und ihre unterthänige „und arme Leute" nicht mischen sollen.

Da vermöge der Voigtei, das Richteramt erster Instanz unbeschränkt den Grundherrn zustand und ihnen auch, als nach damaligen Begriffen hierzu gehörig, das Recht, Local-Bergordnungen zu erlassen, freigestellt war, so konnte der Bergvertrag sich nur darauf einlassen, für die Appellations-Instanz ein Bergrecht für Bergwerke anzuordnen, wo dergleichen Local-Berg-Ordnung nicht vorhanden. Demgemäß ist (§. XI.) festgesetzt; daß die Appellationen nach S. Joachimsthal, oder nach einem andern Bergwerk im Königreich Böhmen, ihren Zug nehmen, jedoch in der Art „daß bei demselben Bergwerke wohin die Appellation gehet, „solche Ordnung und Recht sei, als auf dem Bergwerk da„von die Appellirung hingangen."

Wenn übrigens in diesem Bergwerks-Vertrage (§. X.) alle ertheilten Berg „Fristungen und Berg-Freiheiten" bestätigt worden, so ist doch sehr vorsichtig, und als eine für die Königl. Gewalt sehr wichtige Clausul (§. III.) eingeschoben: daß der König sich vorbehält „auf allen neuen Sil„ber- und Gold-Bergwerken die zuvor keine Fristung und „Freiheit haben" einer Seits mit seinem „obersten Münz„meister, den Böhmischen Räthen, des Grundherrn und „anderer Bergverständigen Personen Rath, die Bergord„nung und das Recht in Gestalt wie in S. Joachimsthal „oder wie die Gelegenheit desselben Bergwerks geben möchte, „zu verordnen und zu statuiren."

Dies sind die wichtigsten Bestimmungen eines Berg-Vertrags, welcher beweist: wie Ferdinand I. die Rechte seiner Stände ehrte oder ihre Macht scheute, oder ihren Beistand suchte; zugleich aber auch darlegt: wie beschränkt in Böhmen damals die Ansichten von Berg-Politei, wie fremd große Betriebs-Pläne waren und wie wenig man die übeln Folgen von Raubbau und schlechtem Betrieb, in ihrer Wichtigkeit erwog, indem man die Aufsicht des Staates gerade da verließ, wo sie am nächsten und ohne Verletzung wahrer Privatrechte füglich zu bewirken ist.

§. 18. Joachimsthaler Bergordnung.

Einen noch bedeutendern Einfluß, als dieser Bergwerks-Vertrag, hat auf die spätere Bergwerks-Gesetz-Gebung und Verfassung in Schlesien und Böhmen, diejenige Berg-Ordnung erlangt, welche Ferdinand I. (Prag den ersten Januar 1548) für die Bergwerke zu „S. Joachimsthal, „und die andere eingeleibte und zugehörenden Bergwerke" erließ. Diese Bergordnung war, ihrer Entstehung und eigentlichen Bestimmung nach, rein örtlich von dem König als Grundherrn von Joachimsthal erlassen, und steht in so fern den Privat-Bergordnungen gleich; es wird aber in derselben zugleich der Bergproceß gründlich abgehandelt, und dieser Umstand, verbunden mit dem innern unläugbaren Werth der gedachten Bergordnung, ihrem Uebereinstimmen mit den meisten andern Böhmischen Bergordnungen und Gewohnheiten, verschaffte ihr schnell eine überwiegende ausgedehnte Auctorität, so daß man sie — ohne einen besondern Königlichen Befehl — allmälig fast auf allen Bergwerken des Königreichs annahm, wenigstens wo örtliche Bergordnungen schwiegen, sie als subsidiarisches Recht betrachtete, und auf sie richterliche Entscheidungen stützte. — Da diese Bergordnung oft gedruckt, und als ein Gesetz anzusehen ist, dessen Kenntniß Niemand entbehren kann, welcher sich um gemeines deutsches Bergrecht gründlich bekümmert, so bedarf es hier keines Auszugs daraus, welcher ohnehin bei der Gedrängtheit der Abfassung des Gesetzes schwierig wäre. —

§. 19. Verfügungen zur Beförderung des Bergbaues in Schlesien.

Um welche Zeit Ferdinand I. eigentlich angefangen, Maaßregeln zu ergreifen, um den Bergbau in Schlesien empor zu bringen, geht aus den vorhandenen alten Schlesischen Kammer-Acten nicht hervor. Wahrscheinlich erließ er nicht lange vor 1559. ein Publicandum, welches für diesen Zweck den Grundherrn und Bergbaulustigen besondere Vortheile und eine funfzehnjährige Bewilligung des halben Zehnten zusagte, wenigstens beginnen jene Acten mit Verwendungen der gedachten Kammer um Ausdehnung der den Grundherrn eingeräumten Begünstigungen und um Gleichstellung derselben mit den Böhmischen Ständen, worauf aber (Wien den 9ten Septr. 1560) eine abschlägliche Antwort erfolgte, worin gesagt wird: „es bleibe bei dem vorigen Endschluß und den bewilligten funfzehn Jahren beruhen." — Wie wenig man übrigens bei Hofe die Bergwerksverfassung Schlesiens kannte, geht deutlich aus einem Kaiserlichen Rescript (Wien, den 15ten Novbr. 1560.) hervor, wonach die Schlesische Kammer berichten sollte: ob Bischoff Balthasar von Breslau, zu Erlaß der von ihm (Freitag nach Exaltationis Crucis 1559.) für die bischöflichen Lande, namentlich Freienwalde und Zuckmantel, dem Melchior Huscher gegebenen Bergbegnadigung und publicirten Bergordnung berechtigt gewesen oder nicht? — Eine solche Frage konnte nur aufstellen, wem der Schlesischen Fürsten Rechte fremd waren. Der Bericht der Schlesischen Kammer hierauf fehlt.

Nachdem um 1560 eine commissarische Bereisung der Schlesischen Bergwerke statt gefunden, ward 1562 eine andere solche Bereisung von Ferdinand I. angeordnet, und es erhielten den Auftrag dazu, Valentin Rölnick (Rath und Verwalter der Berghauptmannschaft in Böhmen) und Adam

Hülfe von Goldberg. Die diesen Commissarien ertheilte kaiserliche Instruktion vom 13ten Juny 1562 *) zeigt: daß der Kaiser keinesweges gemeint: auf die Schlesischen Stände seinen, mit dem Böhmischen errichteten Bergvertrag, Anwendung finden zu lassen, denn es wird zwar in dieser Instruktion das Bestehenbleiben vorhandener Bergwerks-Privilegien, keinesweges aber ausgesprochen: daß nur Gold und Silber zu den Kron-Regalien gehören, vielmehr offenbar die Regalität auf alle Metalle ausgedehnt, der halbe Zehnt nur auf funfzehn Jahr den Grundherren gelassen, übrigens die vier Freikuxe wie in Böhmen zugebilligt, auch nicht nur Gold und Silber, sondern auch Kupfer und Blei als Gegenstand landesherrlichen Kammeral-Verkaufs erkannt und den Gewerken das Verfahren solcher Metalle außer Landes untersagt wird. — Zugleich sollten die Commissarien dahin wirken, daß die kleinen Privatbergämter combinirt würden. Zwar fehlt der Bericht der oben genannten Commissarien bei den Acten, doch ist es nicht unerheblich, einen Blick auf die damalige Lage des Schlesischen Bergbaues zu werfen, und hierzu liefert, Hinsichts der Bergwerke in den Erb-Fürstenthümern Schweidnitz und Jauer, ein im Jahr 1565 von dem Bergmeister derselben Urban Scheuchel, an die Schlesische Kammer erstatteter Bericht, mehrere Data. Nach demselben wurde zu Gottesberg ein früherhin ergiebiger Silberbergbau getrieben, welcher für den Moment nicht viel brachte, weil man erst abwarten mußte, bis die Wasser durch Heranbringen des Sonnenwirbel-Stollens und des Gabkauer Stollens gelößt wurden. Zu Gablau war ein Silberbergbau im Betrieb, bei welchem wöchentlich eine bis zwei Mark Silber gewonnen wurden. Bei Kupferberg waren früherhin jährlich mehrere Centner Vitriol

*) Sie ist ihrer Wichtigkeit wegen unter den Beilagen (sub E.) aufgenommen.

aus Kiesen vom Kisselberge fabricirt, diese Fabrikation aber, weil sich die Kiese stark verdrückt und fast abgeschnitten, wieder eingestellt worden. Dagegen ward auf Kupfer der Reichetrost gebaut, und versprach man sich viel Aufschluß eines reichen Feldes, durch einen eben im Betrieb begriffenen Erbstollen. Bei Kupferberg, bei Rohrlach und bei Ringiersdorff befanden sich Eisenhämmer, oder — wie aus dem Zusammenhange hervorgeht — Hütten und Hämmer. Sie kauften zu ihrem Betrieb alt Eisen und Wascheisen („Godell") auf. Andere Eisenhüttenwerke, von denen aber in dem Bericht auch nicht gesagt ist, welcher Art sie waren, kommen vor in der Bunzlauer Haide, ferner bei Klitschdorff, Oelse, Modlau.

Zu Schmiedeberg befand sich die Eisengewinnung im Flor. Auf 11 Hämmern wurden pro Woche „vier Eisen (wiegen im Durchschnitt 21 Stein schlesisch) gefertigt, welches jährlich auf 9,977 Fl. Ertrag anzuschlagen war. Das Eisen war sehr beliebt und wurde weit verfahren.

Zu Altenberg hatten die drei auf einander gefolgte Gewerkschaften einen alten Erbstollen zu gewältigen angefangen. Die Gewerken waren aber gestorben, und so die Arbeit in Stocken gerathen. Früherhin hatte man aus den dort vorkommenden Erzen güldisches Silber gewonnen.

Am Willenberg (Wildberg bei Roeversdorf in der Gegend von Schönau) befand sich ein Bergbau mit Gold mit einem Pochwerk.

Zu Kolbnitz wurde auf Silber gebaut, und zu diesem Ende ein alter Stollen fortgetrieben, ohne besondere Aussichten.

Am Fuchsberge bei Striegau („auf der Nonnengrube"), hatte man im Herbst 1562 einen Bau auf Quecksilber angefangen. Die Erze hatten bei der Probe ein halb Loth Quecksilber im Pfunde gegeben, und man sah in einem Schacht noch 1563 den Anbruch. Es unterblieb aber die

Fortsetzung der Arbeit, weil trotz aller Mühe kein Schmelzer auszumitteln war, welcher das Zugutmachen der Erze im Großen verstand.

Am Hausberge bei Hirschberg war man mit Aufnahme eines Silber-Bergbaues beschäftigt. —

Wie jener Bericht des Bergmeisters Scheuchel, über den Zustand der Bergwerke in den Erbfürstenthümern Schweidnitz und Jauer, so giebt ein Bericht *), von Bergmeister und Geschwornen zu Reichenstein (Freitags post Cantate 1563) und eine Relation derselben über Befahrung des Bergwerks Reichenstein, (1573) beide zur Information für die Landesherren, Herzoge zu Brieg, bestimmt, von dem Reichensteiner Bergbau jener Zeit Auskunft.

Man sieht daraus, daß von einzelnen Gewerkschaften, welche in Gezänk unter einander lebten, und wegen Mangel an Holzkohlen geringen Gewinn hatten, eine bedeutende Anzahl Gruben betrieben wurden, und aus den Akten geht hervor, daß man ohngefähr aus 18 — 20 Schlesischen Centnern Erz, ein Loth Gold gewann, auf welches allein man baute.

In Silberberg ward, — besonders für die Zuschläge in Reichenstein — auf silberhaltiges späthiges Bleierz von der Stadt, als Gewerkschaft, mit mäßigem Gewinn gebaut.

Die Bemühungen Kaiser Ferdinand I. zum Emporbringen des Schlesischen Bergbaues, blieben ohne Erfolg, weil sie nicht gehörig berechnet, und weder durch ausgezeichnete Bergbeamte noch durch die erforderlichen Betriebs-Fonds unterstützt, dagegen durch den üblen Willen der Grundbesitzer möglichst vereitelt wurden. Die Acten sind voll von Verhandlungen über Beschwerden der Bergbautreibenden gegen die Grundbesitzer, welche die Bergleute hinderten, verjagten, auch bisweilen einsperrten, kein Holz

*) S. Heinze a. a. O. S. 63 und 68.

umsonst oder gegen wohlfeilen Preis verabfolgen ließen, und die Lauigkeit des Geschäftsganges der Schlesischen Kammer recht wohl kannten, wodurch sie sich gegen ernste Bestrafung genügend gesichert fanden.

Einem Theil dieser Folgen stand vielleicht abzuhelfen, wenn der Kaiser versucht hätte, auf einem Schlesischen Landtage für Schlesien in ähnlicher Art, wie für Böhmen, einen ordentlichen Bergwerks-Vertrag abzuschließen. Dies zu thun, hinderten ihn wohl seine mit Anmaßung auf Schlesien herabsehenden Böhmischen Räthe, welche gern dies Land, als eine Böhmen untergeordnete Provinz betrachten mogten, und es selten der Mühe werth fanden, die eigentliche innere Verfassung desselben genau kennen zu lernen. Wie fremd sie ihnen geblieben, beweist unter andern eine Königliche Aufforderung an die Herzoge Johann, Carl und Heinrich von Oels und Münsterberg (Prag, den 6ten Juny 1563) sich über ihre Bergregalitäts-Rechte bei den — in ihrem Herzogthum belegenen eignen — Bergwerken auszuweisen. Die Herzoge waren entschlossen genug, sich auf nichts hierüber einzulassen, sondern darauf anzutragen: daß wenn der König ihnen dieses Recht streitig machen wolle, er sie (ganz verfassungsmäßig) auf dem Fürstentage belangen möge. Hierzu wurde keine ernstliche Anstalt gemacht, und die Sache blieb liegen.

§. 20. Maximilian II. Bergwerks-Vertrag mit den Böhmischen Ständen.

Eben so, wie unter Ferdinand I., verhielt es sich mit dem Schlesischen Bergwesen unter Kaiser Maximilian II., welcher, nicht minder als sein Vorgänger, die Bergwerks-Verfassung in Böhmen in Betracht zog, und (Prag, den 18ten Septbr. 1575) auf einem Landtage mit den Böhmischen Ständen „eine Bergwerks-Vergleichung" schloß, worin der Ferdinandsche Bergvertrag von 1534 mehrere sehr wesentliche Veränderungen erlitt. In dieser „Bergwerks-Vergleichung, werden die grundherrlichen Freikuxe bei Gold- und Silber-Bergwerken, für den Fall, daß der Grundherr kein Holz für den Grubenbergbau hergiebt, auf zwei statt vier beschränkt, und bei eben solchen Bergwerken (z. 17.) zwei Freikuxe „zu Schulen, Kirchen und Spitalen" eingeführt, deren Ausbeute die Vorsteher solcher Anstalten (welche von Grundherrn und Bergamt zu wählen) nach Anweisung, unter Aufsicht des Bergamtes zu verwenden, und demselben zu verrechnen haben. — Bei Gruben, welche auf geringere — also den Ständen überlassene — Metalle bauen, hofft der Kaiser (z. 18.), „daß „die Stände auch etwas „zu desto mehrerer Erlangung all„mächtigen Göttlichen Seegens, ad pios Usus, davon gut„herzig mitzutheilen und anzuwenden nicht unterlassen „werden."

Von der bei Gold- und Silber- Bergwerken, dem Landesherrn zustehenden Halbscheid des Zehnten, wird den Ständen (z. 10.) die Hälfte durch 25 Jahr überlassen, auch der Kaufpreis für die Prager Mark Silber auf 10 Gulden Böhmisch erhöht, der Kaufpreis eines Loth Goldes auf 7 Fl. 12 w. Gr. gestellt.

Als den Ständen überlassene Mineralien, werden „Zinn, Kupfer, Quecksilber, Blei, Eisen, Alaun, Vitriol und Schwefel" genannt, jedoch eigentlich nur beispielsweise.

Von Salz und Salzquellen verspricht der Kaiser (z. 15.), wenn er dergleichen „hohes privilegirtes Regale", selbst benutze, oder andern verleihe, den Grundherrn den Zehnten. —

Außerdem enthält dieser Berg-Vertrag erhebliche Bevorrechtungen und Gerichts-Stands-Befreiungen der „Bergwerks-Verwandten" welche des Grundherrn „leibeigne Unterthanen nicht sind" mit Ausnahme ihrer Verhältnisse als Besitzer von Grundstücken; bestätigt die Privilegien und eignen Bergordnungen der Königl. Bergstädte Kuttenberg, Kayn, Eule, Bergreichenstein, und ordnet für die Bergwerkssachen umständlich das Gerichtswesen. Obenerwähnte Bergwerks-Vergleichung von 1575., ging Schlesien ursprünglich eben so wenig, als der Ferdinandsche Bergvertrag von 1534. etwas an, denn auch sie war nur mit den Ständen im eigentlichen Königreich Böhmen geschlossen, und auf keinem Schlesischen Landtage vorgetragen und angenommen; doch bald stellte sich dies Verhältniß anders, denn kaum hatte Rudolph II. nach Maximilians Tode den Thron bestiegen, als er (Prag, den 5ten Februar 1577) diejenige „Berg-Begnadigung und Freiheit" für Schlesien publicirte, welche unter dem Namen der Rudolphinischen Bergordnung bekannt, bis zur Publikation der Bergordnung König Friedrich II. für Schlesien, vom 5ten Juny 1769. als Provinzial-Bergordnung dieses Landes angesehen zu werden pflegt.

§. 21. Rudolph II. Schlesische Berg-Ordnung.

Diese Bergordnung ist, wie in ihrem Eingange ausdrücklich gesagt wird „mit vorgehabtem Rath der Königli„chen edlen Räthe der Crone Böhmen" abgefaßt: ihrer wird in den Schlesischen Landtags-Akten nicht erwähnt; der Kaiser berührt darin mit keinem Wort die Bergrechte der Schlesischen Fürsten, spricht überall nur von seinen Schlesischen Ständen und von Grundherrn. Es ist bei solcher Lage der Sache anzunehmen: daß dieses Gesetz keinesweges als ein Provinzial-Landes-Gesetz anzusehen, sondern von dem Kaiser nur für seine Immediat-Fürstenthümer und die neuern, nicht von piastischen Herzögen besessenen, sondern von dem Kaiser, nach erfolgtem Lehnsanfall, andern Fürsten in Lehn gegebenen, nicht mit dem Bergwerksregale privilegirten Fürstenthümer erlassen worden.

Auch wollte man durch diese Bergordnung wohl um so weniger die Gerechtsame der Fürsten angreifen, als man selbst weit entfernt war, den Privilegien der Gutsherren zu nahe zu treten. Als Beweis des letztern, dient ein gutachtlicher Bericht der Hoff-Kammer (den 24sten December 1655.) an den Kaiser, worin — nach gehörter Meinung des Oberamtes, der Buchhalterei und der Schlesischen Kammer — auf das Gesuch des Georg Friedrich v. Reichenbach, bei Hofe, ihm zu gestatten: in Schlesien unabhängig Bergwerke aufzunehmen; gesagt wird, „daß ein solches Privilegium Kaiserliche Majestät in den Erb-Fürstenthümern zwar zulassen könnten, jedoch aber dergestallt: „daß Herr von Reichenbach sich mit denen, welche vom „Herren- oder Ritter-Stande privilegirt wären, in alle Wege vorher vergleichen müßte. Was aber „außer den Erb-Fürstenthümern die andern anbelangen thut, werden dieselbten Vermöge ihrer habenden Berg-Privilegia ein solches nicht „zulassen."

Wie die Publications-Form eines Schlesischen Landes-Gesetzes ganz anders gefaßt, in ihr des Willens der Schlesischen Fürsten und Stände ausdrücklich gedacht seyn mußte, und dergleichen allgemeines Gesetz, Annahme auf dem Schlesischen Landtage voraussetzte; kann, um nicht die einzelnen Beweise zu häufen, aus eben dieses Kaiser Rudolph II. Schlesischen Policei-Ordnung vom 10ten Juny 1577. (also aus demselben Jahre, wie jene Bergbegnadigung oder Bergordnung) ersehen werden, in deren Eingang gehörig jene Verhandlung und Uebereinkunft der Schlesischen Fürsten und Stände erwähnt ist.

Doch auch in der vorerwähnten beschränkten Gestalt, blieb diese Bergordnung ein fast das ganze Land umfassendes Gesetz, denn von den Plastischen Herzogen waren nur noch die von Liegnitz, Brieg und Wohlau übrig, welchen der Breslauer Bischoff, als Fürst von Neiß und Grottkau, so wie die Oelsnischen Herzöge, gleich standen; die übrigen würden als neu beliehene Fürsten, dem Kaiser als Bergwerks-Gesetzgeber, nicht haben mit Erfolg widersprechen dürfen, auf ihren Gebiethen fand aber auch nirgends Bergbau statt. Eben dies galt von den Gebiethen der Standesherrn. Jägerndorf, nebst dem Beuthner Territorium, besaß der Markgraf Georg Friedrich von Brandenburg nur pfandweise. —

Hiernach hätten nur jene alt berechtigten Fürsten sich durch diese Bergordnung des Kaisers, in landesherrlichen Rechten gefährdet finden können; da man aber wohl damals in ihr kein Provincial-Gesetz erkannte, nirgends vorhandene örtliche Bergordnungen aufgehoben, und bestehende Verhältnisse bei dem Bergwesen in den Mediat-Fürstenthümern nicht angetastet wurden, so fand kein solcher Widerspruch statt, vielmehr nahm man diese Bergordnung da, wo sich schon besondere Bergordnungen vorfanden, als ein subsidiarisches Gesetz zu Hülfe, und so trat sie allmälig überall von selbst, in der Praxis, fast ganz an die Stelle der letztern, wobei allerdings das Streben der kaiserlichen Behörden, diese Bergordnung möglichst Platz greifen zu lassen, unläugbar mithalf. —

Die Rudolphische Bergordnung beginnt damit, daß der Kaiser, welcher bisher nur einen Bergmeister in dem Erb-Fürstenthum Schweidnitz gehalten, hinführo auch auf seine Unkosten, einen Ober-Bergmeister für ganz Ober- und Nieder-Schlesien halten wolle „der dann die Bergwerke von „einer zur andern Zeit bereiten, sich aller Mängel und Ge„brechen erkundigen und da dergleichen was vorfiele oder „vorhanden wäre, das den Bergwerks-Gewerken oder an„dern zum Schaden und Nachtheil gelangen wollte, für sich

„selbst oder neben den andern Amtleuten und Geschwornen „abschaffen und also Alles das was dem Bergwerk anhän„gig ist, nach beliebigen und rechtmäßigen Mitteln auch „andern guten alten Berg-Policeyen und Ord„nungen hinlegen und verrichten solle und ob ihm sowohl „den Gewerken oder Jemands andern was beschwerliches „vorfiele, dasselbige an den König oder die Schlesische „Cammer gelangen lasse von dannen Jederzeit Noth„durft, Gebühr und Billigkeit verordnet werden solle."

So unbestimmt auf den ersten Anblick, die für den Schlesischen Ober-Bergmeister angewiesene Stellung erscheint, so geht doch daraus hervor: daß er eine bergpolizeilich technische Instanz, als beständiger Commissarius der Schlesischen Kammer bilden sollte, und da diese Kammer nicht in die Verwaltung der einzelnen Mediat, — am wenigsten aber der Piastischen Stamm- — Fürsten eingreifen durfte, so rechtfertigt sich auch daraus die oben entwickelte Ansicht der eigentlichen Bestimmung und des Umfangs der Anwendung jenes Gesetzes.

Als eigentliche Regalien bezeichnet die Rudolphische Bergordnung Salz, Gold und Silber, zugleich aber auch Kupfer, Zinn, Blei, Eisen, und scheint auch „Alaun, Vi„triol und andere geringere Mineralien" mit darunter zu begreifen. Auf alle diese Mineralien wird der Bergbau frei erklärt; für Gold, Silber, Zinn, Kupfer, den Findern von Gängen eine mäßige Schürfprämie versprochen; bei Gold, Silber und, für besondere Staatszwecke, auch bei Blei, dem Staat das Vorkaufsrecht vorbehalten, und die Taxe für jede Breslauer Mark fein Brand-Silber auf 7 Thaler, für das Loth Goldes (zu 23 Karath 8. Grän), auf 5 Thaler und 1 Ort einstweilen festgesetzt.

Alle jene, zu den Regalien gehörenden Mineralien, sind Zehntpflichtig — von einer Theilung des Zehnten, zwischen Landes- und Grundherrn, ist keine Rede. Es sollen die Aufnehmer alter Zechen durch sechs, die Aufnehmer neuer durch zehn Jahr, von Zehnten frei bleiben.

Die Grundherren sollen, wenn sie Holz besitzen, solches den Gruben zu den Bauten unter Tage umsonst, und zu andern Nothdurften um billigen Preis gewähren, welchen nöthigen Falls der Ober-Bergmeister, oder der Landeshauptmann feststellt. — Ganz abgesehen hiervon aber erhält jeder Grundherr vier Erbkuxe, Kirchen, Schulen und Spital zwei dergleichen.

Die Anstellung der Bergbeamten geschieht von dem Ober-Bergmeister „mit Vorwissen der Schlesischen Kammer „auch Rath und Willen der Grundherrn und Gewerken.“ Es wird also den Grundherrn die Voigtei über die Bergwerke nicht entzogen, obgleich den Bergverwandten das Recht, eigne Bergörter mit befreiterer Verfassung „und „christlicher Regiments-Ordnung und Gericht“ anzulegen, ertheilt, auch im Uebrigen freier Ab- und Zuzug, überhaupt aber was ihnen die Joachimsthalische Bergordnung an Privilegien gewährt, zugesichert wird.

Auf eben erwähnte Joachimsthalische Bergordnung, und auf die Bergwerks-Vergleichung Kaiser Maximilians mit den Böhmischen Ständen von 1575., wird in allen nicht in dieser Bergordnung ausdrücklich enthaltenen Punkten verwiesen, übrigens künftige Abänderung solcher „Berg-Begnadigung und Freiheit“ ausdrücklich vorbehalten.

§. 22. Kaiser Rudolph II. Bergordnung für die Grafschaft Glatz.

Für die in jener Zeit als ein, Böhmen incorporirtes, aber an sich selbstständiges Land betrachtete Grafschaft Glatz, erließ (— ganz verfassungsmäßig als Herr, Dux, dieses Landes —) Kaiser Rudolph II. (Presburg, 24. März 1578) *)

*) Abgedruckt in Wagners C. J. m. S. 1302.

eine eigene Bergordnung, in welcher er alle Metalle und Salze unbedingt als Regalien behandelt, den Bergbau darauf frei erklärt, seinen für jenes Land ernannten Bergmeister das Ertheilen der Belehnungen überträgt, für die Belehnungen mit Alaun- und Vitriol-Siedereien, so wie mit Eisenwerken aber, die ausdrückliche Specialbewilligung des Königs, oder der Böhmischen Kammer, und das Vorwissen des obersten Münzmeisters in Böhmen erfordert, weil man durch solche Werke viel Holz verwüstet, und den Gold- und Silber-Bergwerken entzogen habe.

Ueber die mancherlei Privilegien der Bergleute und Bergstädte, läßt sich diese Bergordnung sehr umständlich aus, ordnet den Preis für Gold und Silber, setzt auf 10 Jahr hinaus Schürfprämien fest, und bewilligt jeder Grube zehn Jahr, wenn sie in dieser Zeit keine Ausbeute giebt, volle, wenn sie aber welche giebt, halbe Zehntfreiheit. Zugleich wird festgesetzt: daß nach Ablauf dieser zehn Jahre jede Grube, gleichviel ob Ausbeut- oder Zubuß-Zeche, welche Gold oder Silber gewinnt, den vollen Zehnten — jedoch „nach Erstattung des zehnten Pfennigs Hüttensteuer" — abführen, jede andere Grube, wobei eine solche Hüttensteuer nicht stattfinde, statt des Zehnten den Zwölften abführen müsse.

Auch bestimmt diese Glatzer Bergordnung die Feldes-Maaße, nämlich „eine Fundgrube 42 Berglachter, eine „Maaße 28 Lachter und die Vierung des Ganges Streichen nach, an des Ganges Saalband anzuhalten 3½. Lachter in das Liegende und 3½. Lachter in das Hangende, „nach des Ganges Fall in ewige Teufe."

§. 23. Maasregeln zur Förderung des Bergbaues, und Schutz der Bergbau-Unternehmer gegen die Grundherren.

Wenig waren diese beiden Gesetz geeignet, den Beifall

der Schlesischen Grundherrn zu erhalten, auf deren Gütern Bergbau rege werden wollte. Das damalige, der Leibeigenschaft zwar nicht gleiche, aber doch strenge Erb-Unterthänigkeits-Verhältniß, fand auf die freien Bergleute keine Anwendung; ihr freies Backen, Brauen, Schenken u. s. w. (wovon weiter unten mehr die Rede seyn wird) erschien, nicht mit Unrecht, den Grundherrn eine Schmälerung ihrer eigenen Dominial-Gerechtsame. Die Erbkuxe waren in der Regel nicht der Rede werth, und das ganze Verhältniß der Bergbautreibenden gestaltete sich um so mehr als ein feindliches gegen die Grundherrn, als diese seit Jahrhunderten nicht gewohnt waren, auf ihren Gütern das Berg-Regale des Landesherrn in Anwendung gesetzt zu sehen. Durch zwei fast gleichlautende Mandate, wegen der Freiheiten des Schlesischen Bergbaues (vom 29sten July 1578. und 26sten November 1606.) *), worin die gewaltigen Schritte der Grundherrn gegen Bergbeamte und Bergleute angeführt werden, drohte Kaiser Rudolph dergleichen Widersachern des Bergbaues ernstlichst, und setzte in dem jüngsten dieser beiden Mandate, den Gold-Ankauf-Preis der Münze herab, nämlich für das Loth voll 24 Karathig (statt vorher 23 K. 8. Gr.) 5 Thaler 1 Ort. In eben diesem letztern Mandat (vom 26sten Novbr. 1606.) wurde zugleich verordnet: daß nur die Grundherrn, welche den Gruben zu den Bauen unter der Erde unentgeldlich Holz geben, vier, die aber, welche dies nicht leisten, nur zwei Erbkuxe erhalten sollen, indem das Weglassen dieses Unterschieds, in der oben erwähnten Schlesischen Bergbegnadigung und Freiheit von 1575, „aus Uebersehen erfolgt und wider alle Berg-„werks-Gebräuche, sonderlich aber wider die aufgerichtete „neue Bergfreiheit in dem Königreich Böhmen laufe.“

*) Abgedruckt in Wagners C. J. m. S. 1318.

Gesetze, Mandate, herbeigerufene Bergbau-Verständige und deren Bereisungen, konnten aber weder das Widerstreben der Grundherrn unterdrücken, noch den Mangel an Betriebsgeldern, bei den Gruben, welche die Königliche Kammer bauen ließ, ersetzen. Vergeblich klagten die Bergmeister unaufhörlich bei der Schlesischen Kammer, über die Gewaltthätigkeiten der Grundherrn und den Mangel an Unterstützung. Sie erhielten sogar keinen Gehalt, weil zu wenig Zehnten einkam, und auf eine sehr dringende Vorstellung des Bergmeisters Bramer hierüber (Schweidnitz, den 17ten Januar 1583), ward bei der Schlesischen Kammer laconisch decretirt „— Patientia. 18ten Januar 83."

Beiläufig mag hier erwähnt werden, daß in diese Zeit die einzige Spur von Ruthengehen fällt, welche in Schlesien aktenmäßig vorkommt. In dem Jahr 1607 nämlich, machte der Ruthengänger Metzke aus Freiberg im Breisgau, zu der Zeit als Samuel Unger Bergmeister in Ober-Weistritz war, bei Landshut vergebliche Versuche auf Gold und Silber. Er war, wie es scheint nicht in das Land berufen. So dauerte der Schlesische Bergbau bis zu dem Anfang des dreißigjährigen Krieges fort, und mit Dank muß man die Bemühungen vieler Landesherrn, Grundherrn und Gewerken jener Zeit, um seine Aufnahme anerkennen.

§. 24. Blei- und Silber-Bergbau um Beuthen und Tarnowitz.

An der Spitze der Herzoge, welche damals den Bergbau in ihren Ländern kräftig förderten, stehen die Markgrafen von Brandenburg, Herzoge zu Jägerndorf, welche (neben andern Schlesischen Ländern) die heutige Standesherrschaft Beuthen, von 1526 bis 1621 pfandweise besaßen. Schon im Jahr 1526 war Tarnowitz erbaut und mit

einer

einer Bergfreiheit versehen *), welche späterhin in der Bergfreiheit vom 20sten October 1599 **) erneuert wurde. Die älteste dortige noch vorhandene Bergordnung (Mittwoch vor Martini 1528 ***), umfaßt die Fürstenthümer Oppeln, Ratibor und besonders die Herrschaft Beuthen, und gründet sich ausdrücklich auf die in der Markgrafen fränkischen Landen (Ansbach) geltenden Bergordnung, und „die polnischen „rechtmäßigen Bergwerks-Gebräuche.“ Sie enthält außer einer Menge sehr passender, zum Theil aus fremden Bergordnungen entlehnter Bestimmungen, Vorschriften wegen der Belehnungen, wonach solche nach „Bergen oder Schachten“ und zwar zu 18 Lachter „von einem Haupt-Schacht „zu dem andern“ durch den Herzoglichen Bergmeister (welcher sammt Geschwornen das Bergamt und das Berggericht in erster Instanz bildet), verliehen werden. Eine Muthung darf mehrere solche Berge umfassen, welche, so lange auch nur einer davon in Bau bleibt, nicht in das Freie fallen. — Bergbeamten, Schichtmeistern, Steigern, ist alle Theilnahme an dem Bergbau untersagt, doch darf ein Mitgewerke Schichtmeister seiner Zeche seyn. Gruben-Beamte kann sich jede Gewerkschaft zwar bestellen, doch nur, „mit Wissen und Willen des Bergmeisters.“ —

Die übrigen Festsetzungen der erwähnten Bergordnung, gehören mehr in eine Special-Geschichte des Tarnowitzer Bergbaues und eben dort müssen die nicht uninteressanten Begebenheiten desselben ihren Platz finden.

Weder das oftmalige, fast gänzliche Ersaufen der Gruben, das Auflösen von Gewerkschaften, die Nothwendigkeit

*) Bergfreiheit Herzogs Johann von Oppeln und Markgrafen Georg von Brandenburg als Herzog von Jägerndorf für ihre Lande. Beuthen, Montag nach Cantate 526.

**) Abgedruckt in Wagners C. J. M. S. 1309.

***) Abgedrnckt in Wagners C, J, M. S. 1275.

großer Vorschüsse, noch die schlechte Verwaltung der Bergbeamten, noch endlich Zänkereien mit dem Böhmischen Hofe (welcher, da dieser Bergbau in Flor kam, ihn nicht als unter der Verpfändung von Beuthen mitbegriffen ansehen wollte) vermogten jene Markgrafen, in ihren kräftigen einsichtsvollen Bemühungen um das Tarnowitzer Bergwesen zu ermüden. Endlich im Jahr 1618 wurde die Wiedereinlösung von Beuthen Seitens des Böhmischen Hofes eingeleitet; ehe sie aber noch vollendet war, brach der dreißigjährige Krieg aus. Der Markgraf Johann Georg trat auf die Seite Friedrichs V. von der Pfalz, ward in sein Schicksal verwickelt, seiner Schlesischen Länder beraubt, so daß nun jener Bergbau an den König — nicht als Herzog von Oppeln und Ratibor, sondern als confiscirenden Ober-Lehnsherrn fiel. Als dies geschah, war dieser blühende Bergbau in seinem Ertrage, in Folge eben jener Schwierigkeiten, sehr gesunken, denn während zur Zeit seines frühern höchsten Flors um das Jahr 1559, über 13,000 Ctr. Blei (und Glätte) und nahe an 5000 Mark Silber durch ihn gewonnen worden, kam sein Ausbringen um 1618 kaum gegen 4000 Ctr. Blei und weit unter 1000 Mark Silber zu stehen, und sank schnell noch viel tiefer. Es galt übrigens damals, bei dem Absatz nach Ungarn, Böhmen und einer Menge Städte in Schlesien, der Ctr. Blei nur 54, der Ctr Glätte nur 52 Schlesische Groschen, die Mark Silber aber ward in der Münze mit sieben Reichsthaler (i. J. 1621. zehn leichte Thaler) bezahlt.

Die aus frühern Zeiten übertragene und modificirte Bergwerks-Verfassung in der Beuthner Gegend, ist um so weniger hier zu übergehen, als sich in ihr manche — obschon ziemlich unkenntliche — Spuren des uralten polnisch-schlesischen Bergrechts erhalten hatten, wovon schon oben Erwähnung geschehen.

Folgende Nachrichten *) dürften daher aufbewahrt zu werden verdienen.

Es wurde zu Tarnowitz nach Maaßen gemuthet, jede 36 Lachter lang und breit, also 1296 Quadrat Lachter in der Fläche. Gewöhnlich muthete der Muther nur eine solche Maaße (auch Frist genannt) bisweilen bis 28. Das gemuthete Feld hieß ein Lehen, und theilte sich, in commerzieller Hinsicht in Achtel, ein Achtel wurde als 16 Kux, folglich ein Lehn als 128 Kuxe betrachtet, doch kommt die Benennung Kux selten vor, eher ist bei Käufen u. dgl. von halben, viertels u. dgl., Achteln ohne Beisatz die Rede. — Das beliehene Feld wurde von dem Bergmeister und den Geschwornen, oder auch nur von ersterm, vermessen und die Vermessung vorher durch öffentlichen Anschlag und Ausruf bekannt gemacht, damit Interessenten bei der Verhandlung sich einfinden konnten. —

Das Verhältniß zwischen Stollen und Gruben, war in 1544 durch eine eigne — bald verloren gegangene — Stollen-Ordnung geordnet, an deren Stelle man sich der neuen Stollen-Ordnung für die Herrschaft Beuthen (Onolzbach den 18ten May 1553.) bediente, welche über das Verhältniß sehr vollständige Auskunft giebt **).

*) Ich habe bei den nachfolgenden Notizen über die ältere Bergwerks-Verfassung von Tarnowitz, des verstorbenen Ober-Hüttenrath Abt „Geschichte des Blei- und Silber-Bergbaues „um Tarnowitz und Beuthen in Oberschlesien von 1528 an „bis zum Verfall und bis zur Wieder-Aufnahme in 1784.“ Mscpt — benutzt. Diese Geschichte ist durchaus nach den Akten gearbeitet und geht in genaue Entwickelung der Einzelnheiten ein, welche letztern hier übergangen werden mußten, so weit sie nur zu der Special-Geschichte jenes Bergbaues gehörten.

**) Sie ist, da sie bei Wagner in C. J. M. sich nicht er-

Von allen Erzen wurde den Herzogen und Markgrafen der Zehnte in Natur gereicht. (Dieser Zehnt bestand schon 1623 nach dem Urbarium nicht in der zehnten, sondern in der neunten Mulde rein gewaschenen Erzes, ohne daß der Grund dieser Anomalie zu ersehen ist). Von diesem Zehnten bezogen die Grundbesitzer statt Acker-Entschädigung den vierten Theil, und erhielten außerdem vor fremden Muthern den Vorzug, und wenn sie sich dessen nicht bedienten, das Mitbaurecht zu dem achten Theil der Grube. Wer eigentlich hierbei als Grundbesitzer zu betrachten, scheint, auf den ersten Anblick darum gewissermaaßen zweifelhaft, weil in den Gegenbüchern die Ausdrücke „Erbherr-Pauer" oder auch „Pauer dem der Acker gehört" vorkommen. Da die dortigen wirklichen Bauern, Lassbauern waren, so ist aber troß des Ausdrucks „Pauer" nur an wirkliche Dominial-Gutsbesitzer hierbei zu denken. — Dies folgt aus dem Beuthner Abschied (vinc. Petri 1533 in §. 16), wonach, wer auf adlichen Gründen Bergbau treiben wollte, sich mit dem Besitzer vergleichen soll, nicht minder aus der ausdrücklichen Bestimmung XVIII. der Bergfreiheit für die Bergstadt Tarnowitz vom 20sten October 1599, wo gesagt wird:

„geschähe solcher Bau auf eines Edelmanns Grunde."

Von Zeit zu Zeit versuchten — jedoch vergeblich — die Landesheren, den Natural-Erz-Zehnten, in einen Zehnten von den Produkten umzuwandeln. Letztere waren anderweitig mit Abgaben belegt. Für jede Mulde gewaschenes Erz, aus dem ersten, andern und dritten Wasser (was man jetzt Wascherz, Graupen und Schlieche nennt) ward ein Muldengeld an den Bergherrn mit einem Groschen Schlesisch bezahlt. Außerdem entrichteten die Gewerkschaften

---

wähnt findet, um deren darin enthaltenen interessanten Data Willen unter die Beilagen (F) aufgenommen worden.

für die Mark Brandsilber drei Groschen „Marktgeld“ welches Marktgeld aber späterhin bis auf drei Thaler schlesisch von jeder Mark gesteigert ward. Nicht minder übte der Landesherr auf Silber, Blei und Glötte das Vorkaufsrecht.

Nach einem Gewerken-Beschluß von 1531 wurde zu Erbauung einer evangelischen Kirche, von jedem Rost (45 Ctr.) Erz ein Käy ($\frac{5}{8}$ Ctr. Erz) bestimmt, und diese Leistung bis zu dem gänzlichen Erliegen des alten Tarnowitzer Bergbaues in 1755 beibehalten.

Nach einem eben solchen Gewerken-Beschluß vom 29sten Januar 1592 erhielt das Hospital von jedem Stück Blei, und jedem Faß Glötte einen Heller. Dies Hospital war aus der „Brüderbüchse“ (Knappschafts-Kasse) erbaut, zu welcher jeder Arbeiter wöchentlich zwei Heller gab.

Da Stollen, Wäschen, Hütten, eigene Gewerkschaften hatten, auch viele Wasserhaltungs-Maschienen von eignen Unternehmern gebaut und für die Gewerkschaften erhalten wurden, so fanden auch Stollen-Neunten, Wasch- und Hütten-Zins, Wasserhaltungs-Zinse und manche Feder-Sportuln, auch ein mäßiges Quatember-Geld statt, von welchem letztern die eine Hälfte dem Bergherrn, die andere den Bergbeamten zufloß.

Mit so vielen Abgaben belastet und mit kostspieliger Wasserhaltung beschwert, konnte der, unter viele Gewerkschaften zersplitterte Tarnowitzer Bergbau damals nur durch besondere Ergiebigkeit der Erze und andere vorübergehende Umstände, Gedeihen finden, und war als die obenerwähnte Confiscation der Herrschaft Beuthen in Vollziehung trat, zum Theil mit wegen dieser Lasten in Verfall gerathen. Kaiser Ferdinand II. übertrug Anfangs 1623, die Erbherrlichkeit dieser confiscirten Herrschaft dem Grafen Carl Harräch, ihren Pfandbesitz und Nutznieß aber

Lazar Henkel von Donnersmark dem ältern *), und nachdem, nach des letztern Ableben, Lazar Henkel von Donnersmark der jüngere, die Erben des Grafen Harrach, wegen der Erbherrlichkeit abgefunden, verkaufte ihm der Kaiser Ferdinand II, (Wien, den 26. May 1629) die Herrschaft Beuthen und Oderberg (welche letztere Herrschaft Herrn und Schicksale der erstern getheilt), als ein freies Allodium, um 367,765 Gulden 27. Xr. In dem Kauf kommen unter andern vor „Eisenhämmer, Bergwerke von al„lerhand Metallen und Mineralien u. s. w., wie solche von „dem Kaiser als Eigenthumsherrn" — also nicht als Landesfürst — besessen worden. Für die dem Landesherrn zustehenden Bergregalitäts-Rechte sah sich der Kaiser vor, indem weiterhin in dem Kauf ausdrücklich gesagt wurde: „und es sich dann mit denen künftig sich ereignenden Berg„werken dem gemeinen Landesbrauch nach in mehr berühr„tem unserm Herzogthum Schlesien allerdings gehalten „werden; was aber die gegenwärtigen Bergwerke belangt, „indem dieselben gleichwohl fast gänzlich ruinirt und ver„fallen, auch wegen der bedürftigen Spesa in vielen Jah„ren schwerlich zu erheben und dennoch per 20,000 Thaler „angeschlagen worden, solche ihnen Henkeln und seinen „dreien eheleiblichen Söhnen Elias, Gabriel und Georg „Friedrich, auf derer vier Leiber Lebenlang, und weiter nicht, „von allen sonst schuldigen Zehnten Frohn und Wechsel be„freit u. s. w.

Also nur eine temporelle Befreiung von Abgaben sollte

---

*) Dieser Lazarus Hr. von Henkel und Donnersmark (Hr. von Gefell und Wesendorf) war Kaiserlicher wirklicher Rath und Ober-Director aller Bergwerke in Königl. Erblanden. — S. Sommersberg Script. Rer. Siles. VI. Acceſs p. 298. — daher wohl seine Speculation gerade auf diese Herrschaft.

dem (nachherigen Grafen) Henkel von Donnersmark zu statten kommen, um die verfallenen Bergwerke während der Dauer derselben desto besser wieder in Betrieb zu bringen.

Die Ausdrücke „Zehnt, Frohn und Wechsel" sind in einer von Kaiser Carl VI., den 5ten October 1740 ertheilten Deklaration, als „Zehnten, Berg-Gerichtsbarkeit und „Vorkaufsrecht des Landesherrn" ausgelegt worden; eine Auslegung, welche nicht durchgehends Bedenken über ihre Richtigkeit — besonders wegen des Wortes „Wechsel" ausschließt, da dieses Wort auch für das oben erwähnte, bei den Wascherzen eingeführt gewesene Muldengeld gebraucht wird.

Nach dem in dem Jahre 1671. erfolgten gänzlichen Aussterben jener vier, mit der erwähnten Befreiung begnadigten Mitglieder der Graf Henkelschen Familie, wurde diese Befreiung den 10ten Juli 1677., von Kaiser Leopold I. noch auf die beiden Söhne des Grafen Georg Friedrich — Leo Ferdinand und Carl Maximilian für ihre Lebenszeit verlängert. Als der erstere derselben starb, suchten sein Sohn, sein Bruder und die Söhne des letztern, eine weitere Verlängerung der Befreiung wiederholt, aber stets vergeblich nach, blieben aber keinesweges in deren ungestörtem Besitz, indem schon im Jahre 1729 der Königl. Ober-Fiscal den Auftrag erhielt, gegen die Grafen Henkel wegen verweigerter Zehntabfuhre zu klagen. Da diese Sache bis in die Zeit der preußischen Regierung verschleppt wurde, ehe sie endlich im Jahr 1771 zu ordnungsmäßiger Proceß-Instruction gedieh, so gehört die weitere Geschichts-Erzählung, über ihren Gang und den Erfolg, nicht in die vorliegende Periode, auch überhaupt mehr zu der Special-Geschichte des Tarnowitzer Bergbaues und seiner Verfassung.

§. 25. Gallmei-Bergbau um Beuthen und Tarnowitz.

Eine ganz besondere Erwähnung verdient hier der Gallmei — jenes Erz, welches in neuester Zeit zu einem der wichtigsten Productions-Zweige Schlesiens, das Material geliefert, und dessen reicher Vorrath dieser Provinz noch künftig bedeutende Vortheile verspricht.

Es ist bereits eine Geschichte des Gallmeibaues in Schlesien geliefert:

„Geschichte des Gallmeibaues in Schlesien. Mitgetheilt von Lewald in Breslau."

— abgedruckt in den Verhandlungen des Vereins zur Beförderung des Gewerbfleißes in Preußen, Jahrgang 1825. S. 73., aus welcher ich bis zu dem Zeitpunkt von 1629, Nachstehendes entlehne.

„Der Gallmeibau, von dem wir den ersten historischen Nachweis haben, und der wahrscheinlich auch der allererste Bau war, geschah im Jahre 1430 bei Achen; 131 Jahre früher, 1299, wurde der Gallmei zuerst beschrieben; Albertus Magnus erwähnt seiner, und liefert davon eine ziemlich versinnlichende Beschreibung unter dem Namen Marcasita aurea. Erst ums Jahr 1560, 130 Jahre nach der bei Aachen erfolgten Eröffnung der Galmeigruben, und nachdem bei Jägerndorf im Jahre 1562 ein Messingwerk, für den damals sehr häufigen Verbrauch dieses Metalls in Schlesien, von Georg Emich, Markgräfl. Brandenburgischem Münzverwalter bei der Jägerndorfer Münze, errichtet war, wollte Emich sich den nöthigen Gallmei, den er mit großen Kosten aus Aachen beziehen mußte, im Sande aufsuchen. Unterm 12ten November 1565 kam dieser Emich daher beim Markgrafen Georg Friedrich um die Erlaubniß ein, im Fürstenthum Jägerndorf, oder in der Herrschaft Beuthen, den Gallmei zu suchen, und daß, wenn er solchen zu finden so glücklich wäre, derselbe ihm erb- und eigenthümlich zugehören solle. Er bat ferner um die Befreiung von allen Abgaben darauf für die ersten 6 Jahre, dann aber wolle er dieselben, nach dem bergmännischen Brauch, entrichten. Ob und welchen Bescheid dieser Emich erhalten, ob er Versuche auf Gallmei angestellt, darüber fehlen alle weitere Nachrichten, indessen ist wohl anzunehmen, daß diese Versuche nicht ohne Erfolg gemacht worden, denn es fanden sich sehr bald noch andere Unternehmer. So schreibt Peter Jost, Bürger zu Tarnowitz, unterm 4ten August 1569 in seinem Vorstellen an den Markgrafen Georg Friedrich, wie es ihm durch große Kosten gelungen wäre, auf dem fürstlichen Bergwerke zu Tarnowitz einen Gallmeistein aufzufinden, der, mit Kupfer versetzt, das Messing liefere; eine Probe davon habe er dem fürstlichen Alchimisten übersandt. Er wolle in Verbindung mit einer Gewerkschaft ein Messingwerk anlegen, und erbitte sich auf 20 Jahre ein Privilegium exclusivum, so wie er darauf antrage, daß, wenn auch andere Gewerke zufällig Gallmei fänden, sie ihn nicht aus der Herrschaft Beuthen ausführen, sondern denselben ihm und seiner Gewerkschaft zu verkaufen gehalten seyn sollten; und obgleich

„aus solichem steyen keyne metall kan noch mack gema-
„chet werden,“

so sey er doch erbötig, die dem Markgrafen vom Metalle zustehenden ¾ Theile der Zehenden in baarem Gelde zu entrichten.

Unterm 27sten August 1569 erklärte dieser Jost in einem Vorstellen an den Markgrafen, daß er sein Messingwerk anderwärts anlege, indem die Gewerke des Tarnowitzer Silber- und Bleibaues sich mit Recht über den zu starken Verbrauch und den dadurch gesteigerten Preis der Brennmaterialien in dieser Gegend beschwert hätten. Den Gallmeibau setze er fort, und sollten sich beim Abteufen der

Gallmeischächte Bleierze finden, so wolle er daran keinen Theil haben, nur den Gallmei nehmen, sämmtliche Kosten aber allein tragen. Dagegen wolle er auch, wenn sich in den neuen und alten Bleierzhalden Gallmei fände, denselben sich zueignen. Darauf verordnete denn auch der Markgraf unterm 10ten October 1569 aus Onolzbach, die Regierung zu Jägerndorf mögte, wenn sich alles so verhielte, wie es der Jost angegeben, die nöthige Konzession für denselben ausfertigen.

Bis zum Jahre 1580 war alles in der festgesetzten Ordnung bestanden, in diesem Jahre aber, unterm 19ten Juni, beorderte die Regierung zu Jägerndorf den Bergmeister Trapp, zu Tarnowitz, Bericht zu erstatten, ob der Gallmei dem Fürsten zuständig wäre. Der Eigner des Messingswerks zu Jägerndorf, Hans Kitzing, Bürger zu Breslau, beschwere sich nehmlich, daß der Bürger Hans Hornig zu Tarnowitz, auf seinem, des Kitzings, Grunde, auf Gallmei grabe, ihn dadurch sehr beeinträchtige, und das Messingwerk in Verlegenheit bringe. Sollte der Gallmei dem Fürsten zugehören, so solle dem Hornig das Graben untersagt, jedenfalls aber solle der Gallmei nicht ausgeführt werden. Unterm 7ten Juli berichtet der Trapp hierauf, der Hornig behaupte, da von dem Gallmei nichts in der Bergordnung vorkomme, so könne er auch weiter mit demselben schalten und walten, wie es ihm gefalle. Durch die nun eingetretene Konkurrenz und die Freiheit des Handels mit diesem Erze, wurde der schlesische Gallmei auch auswärts bekannt und gesucht. Georg Rosenberg, ein Bürger zu Danzig, schrieb unterm 14ten September 1580 dem damals sich zu Insterburg aufhaltenden Markgrafen Georg Friedrich, er hätte erfahren, daß Kaspar Goebel, sein Mitbürger, dem Fürsten den Antrag gemacht, sämmtlichen in Schlesien zu grabenden Gallmei in Pacht zu nehmen. Er, der Rosenberg, habe bereits das

Hüttenwerk und Messingbrennen bei Danzig mit großen Kosten eingerichtet, und es hätte auch Se. Maj. von Polen, ihn in seinem Werke zu unterstützen versprochen, er bäte demnach, Se. Durchlaucht wolle nicht das Ansuchen des Goebel berücksichtigen, das ihm zum größten Schaden gereichen müßte; er habe überdem schon im vorigen Jahre Gallmei aus Tarnowitz bezogen, und würde fernerhin noch weit mehr gebrauchen, daher trüge er darauf an, es möge ihm auch weiterhin so viel Gallmei in Tarnowitz zu kaufen und frei auszuführen erlaubt seyn, als er bedürfe. Ganz treuherzig setzte er hinzu:

„das würde weit besser sein, als daß — es einem alleine „monopolischer Weyse sollte verpachtet sein — da doch „damit sich viell behelfen undt ihre narung suchen „moegen."

Unterm 27sten October 1580. wurde Rosenberg vom Markgrafen dahin beschieden: daß die Jägerndorfer Regierung zur Berichterstattung aufgefordert sey. Der Bericht wurde aber erst unterm 8ten Januar 1581 von Insterburg aus eingefordert, und die Jägerndorfer Regierung eilte mit demselben so wenig, daß von Königsberg aus unterm 1sten Mai 1581 deshalb wieder monirt werden mußte. Unterm 27sten April war indessen der Bericht der Regierung abgegangen, und es heißt darin wörtlich, wie folgt:

Der Gallmei ist ein Gewächs, dem weißen Kalkstein ähnlich, wird in der Herrschaft Beuthen auf dem Grund dreier Edelleute, zum Theil über, zum Theil unter der Erde gefunden, und auf dem Messinghammer bei Jägerndorf verarbeitet; die Grundherrn beziehen von jedem Faß, 6 bis 7 Centner schwer, ein Viertheil Thaler, und sind der Meinung, daß ihnen der Gallmei als ein Fructus fundi zustehe; und da derselbe wenig gebraucht wird, und geringen Nutzen lasse, so achte man es für rathsam, daß der Fürst sich deshalb nicht erst in Weitläuftigkeiten mit der Ritterschaft einlasse. In Polen gäbe es weit mehr Gallmei, und wollen die Grundherren, die solchen für ihre Rechnung graben lassen, dem Könige auch kein Recht darauf gestatten, und noch weniger Abgaben davon erlegen. Uebrigens sehen sie gar nicht ab, warum sich der Fürst deshalb mit jemanden in Unterhandlung einlassen wolle. Sollten sie finden, daß hierbei ein Vortheil für denselben erwachsen könne, so wollten sie sofort berichten."

Die Regierung zu Jägerndorf scheint ganz partheilos sich gegen den freien Handel mit Gallmei erklärt zu haben, was indessen daraus erklärlich, daß die Messingwerke sich auf Rathsgrund bei Jägerndorf befanden. Die Gallmeiausfuhr erlitt aber keinen Abbruch, und wenn nur das Messingwerk in Jägerndorf gehörig versorgt war, so wurde derselben nicht gewehrt. Indessen war das Quantum, welzur Ausfuhr kam, nicht beträchtlich, da die ganze Ausbeute nicht über 2,500 Centner jährlich veranschlagt werden kann. Je mehr aber die Frage nach Gallmei für das Ausland zunahm, desto dringender wurden die Bewerbungen, um denselben graben zu dürfen. So hielt unter andern Hans Joestel, ein Goldschmidt zu Tarnowitz, unterm 26sten Mai 1584 darum an. Der Fürst forderte Bericht von der Regierung, und diese ertheilte unterm 18ten August 1584 denselben dahin, daß sie den Bericht vom 27sten April 1581 nur bestätigen könne. Hans Hornig hätte den Gallmei von denen vom Adel nun ganz an sich gebracht, und liefere ihn zum Messingwerke nach Jägerndorf, und was darüber hinaus reiche, setze er selbst in Breslau, oder im Auslande, ab.

Der Fürst könne also das Gallmeigraben keinem andern verleihen. Der Fürst erhalte auch nicht mehr, als drei Theile des Zehenden, und den vierten erhalte die Grundherrschaft. Sonst hätte man zu allen Messingwerken, selbst nach Nürnberg, aus den Niederlanden den Gallmei kommen lassen müssen, und jetzt bezöge man ihn aus dem Beuthenschen. Die Kaufleute in Breslau zahlten dem Hornig 24 Groschen für den Centner Gallmei (nach jetzigem Geldwerthe 1¼ Thlr.), und trieben damit den Handel nach dem Auslande u. s. w. — Um diese Zeit ward der Gallmei auf Radzionkau, Boberkoff, Bobreck, Silberberg, Lzuppars, Repten, Ptakowitz und im Beuthener Stadtwalde gefunden.

In dieser Verfassung blieb der Gallmeibau bis zum 30jährigen Kriege, als im Jahre 1621 der Kaiser Ferdinand II. den Markgrafen Johann Georg in die Acht erklärte, und die Besitzungen dieses unglücklichen Fürsten einzog. Die Bergleute, meistentheils Lutheraner, lebten nun in hartem Religionszwang, und als der Kaiser 1631 die lutherische Kirche zu Beuthen gar schließen, und nachher mit katholischen Geistlichen besetzen ließ, wanderten die Bergleute mit ihren Familien aus, so wie derselbe Kaiser auch durch seine Unduldsamkeit binnen wenigen Jahren viele Tausend fleißiger und geschickter Bergleute aus Tyrol vertrieb, aus dem Lande, das in der ältern Bergwerksgeschichte vorzüglich glänzt. Dieser Religionsdruck war keiner Wissenschaft, mithin auch dem Bergbau nicht günstig. Mit diesen Arbeiten schwanden die wenigen Kenntnisse der Bergbaukunde in Schlesien ganz, ja sogar die Lokalkenntnisse gingen verloren; dennoch verfiel der Gallmeibau nicht ganz so, wie der auf Silber und Blei, da die Kenntnisse dazu nicht so mannigfacher Art, und das ganze Verfahren dabei einfacher und kunstloser war. In der Tiefe wurde gar nicht gebaut, und 3 Lachter war wohl die beträchtlichste, da es hin und wieder Gallmei gab, der aus den Bleiwerken gefördert und mit Letten bedeckt unbenutzt am Tage lag, und oft nur zufällig entdeckt wurde. Die, von der Jägerndorfer Regierung beobachte Verwaltung der Bergwerke, zerfiel mit dem Regierungswechsel, und damit kam auch der Gallmeibergbau wieder frei, der aber erst 12 Jahre nach Beendigung des 30jährigen Krieges sich wieder auf seinen alten Standpunkt hob. Das erste Muthungsgesuch findet sich wieder unterm 15ten Juli 1660 von David Stylarsky, der auf seinem Grunde zu Stollarzowitz Gallmei zu graben beabsichtigte.

§. 26. Salpeter, Vitriol, Alaun, Schwefel.

Ein Gegenstand bergmännischer Betriebsamkeit, welchen man früher weniger beachtet, zog in dem Lauf des dreißigjährigen Krieges, als Materiale der Pulverbereitung, die Aufmerksamkeit der Regierung auf sich — nämlich der Salpeter.

Schon seit Anfang dieser Periode, wenn nicht schon früher, wurden Alaun, Salpeter und Vitriol von Personen, welche auf Staatsgütern darauf bauen wollten, gegen Entrichtung des Zehnten verliehen. Kaiser Ferdinand I. ertheilte zu Wien den 30sten November 1559. dem Breslauer Bürger Niclas Rüdinger ein General-Privilegium in Mähren, Ober- und Nieder-Schlesien auf Kaiserlichen und Unterthanen-Gründen auf Alaun, Vitriol, auch Kupfer und Kies zu schürfen und zu bauen, bei zehnjähriger Befreiung von Zehnten und Frohn, unter der Erlaubniß, die durch seinen Bergbau zu gewinenden Fabrikate — nicht aber die unverarbeiteten Erze — auch in das Ausland, gegen Erlegung der Mauth verkaufen und ausführen zu dürfen. —

De Dato Wien, den 4ten Februar 1643 wurde alle Ausfuhr des Salpeters verbothen, und die Ablieferung des in Schlesien zu fabricirenden Pulvers, an das Kaiserliche Zeughaus zu Glatz — gegen baare Bezahlung — befohlen.

Für den Salpeter-Ankauf auf landesherrliche Rechnung, fand eine Factorei und Pulver und Salpeter-Commission *) in Breslau noch im Jahr 1740 statt, welche unter der Kammer stand. Diese war durch ein Hof-Rescript vom 27ten November 1732 angewiesen: den Bedarf möglichst aus Pohlen und Rußland zu beziehen, damit der in Schlesien gewonnene Salpeter, für Pulvermühlen in andern kaiserlichen Provinzen benutzt werden könne.

Die gedachte Salpeter Commission nebst Factorei u. s. w., überließ den Detailhändlern, für gewisse von ihr festgesetzte Preise, den Bedarf an Pulver und Salpeter zum Einzeln-Verkauf. Dieses Verfahren erregte Unzufriedenheit, und führte Beschwerden der Breslauer Kaufmanschaft gegen jene Factorei, und Anträge auf Freigeben des Verkehrs mit Salpeter nnd Pulver im Jahr 1738 herbei.

Für ein dem König vorbehaltenes Regal, hielt man den Salpeter nicht. In einem Rescript an die Schlesische Kammer d. d. Prag, den 15ten Januar 1594 sagt Kaiser Rudolph II.

„Was aber des Bischoven zu Breslau und anderer „Fürsten und Stände auch Inwohner Statt und Ort allda „gleichfalls gute Gelegenheit zu Anrichtung des Salitersiedens vorhanden, da wöllen wir auf nächstkünftigen Fürstentage bei den Fürsten und Ständen, damit dergleichen „Saliterhütten in ihren Landen und Gebiethern auch erhebt und angerichtet werden, die Nothdurft anbringen „lassen.“

Zu Wien, den 17ten Februar 1568, verlängerte Kaiser Maximilian II. durch ein Rescript an die Schlesische Kammer, das dem Johann Woissel, Bürger zu Breslau, unter achtjähriger Zehntbefreiung ertheilte Privilegium „Bergwerke von Kupferwasser, Alaun, Schwefel und dergleichen, zu suchen, zu erheben und zu bauen,“ auf noch

*) Sie unterzeichnete sich in der Regel Commissio cameralis Pulveris Pyrii et Salis Nitri!

funfzehn zehntenfreie Jahre; weil der Woissel „bis anhero „in Schlesien nichts antreffen mögen."

Ein auf alle und jede K. K. Erbkönigreiche und Lande ausgedehntes Privilegium Salpeter „aller Orten wo er zu „finden und des Landes sonderbare Beschwerdt wird seyn „können, gegen gebührende Abfindung mit jedes Grundes „Obrigkeit, zu graben, denselben sieden und hierzu die be„dürftigen Hütten setzen und erbauen zu lassen," ertheilte Kaiser Ferdinand III. zu Wien, den 5ten September 1542 dem Peter Hauck, welcher 1647 zu seinem Unternehmen eine Gewerkschaft stiftete.

Besonders fand das Salpetersieden im Münsterbergschen und bei Muskau in der Lausitz statt.

§. 27. Steinkohlen.

Gleichzeitig ohngefähr mit der Salpeter-Gewinnung, dehnte sich in Schlesien von der Schweidnitzer und Glatzer Gegend die Anwendung der Steinkohlen aus, obgleich man sie in jenen Gegenden, besonders zu Schmiedefeuerung, schon wenigstens seit Ende des sechszehnten Jahrhunderts gebrauchte. Die Gutsherrn ließen sie durch Bergleute, für Rechnung der letztern, gegen eine Art Grundzinse gewinnen. Dies geht unter andern aus einem Antwortschreiben des Friedrich Stillfried auf Neurode vom 11ten October 1594 an den Frankensteiner Kreishauptmann Fabian von Reichenbach hervor, welches Schreiben der genannte Kreishauptmann an die Schlesische Kammer sandte, weil diese von ihm Bericht verlangt: wie es sich mit dem Steinkohlenbau in jener Gegend verhalte. Ein eben solcher Bericht war von der Kammer dem Magistrat zu Schweidnitz, wegen des Steinkohlen-Bergbaues in der Umgegend abgefordert worden, und erfolgte den 26sten September 1594. In demselben wird gesagt: daß die in Schweidnitz, von den Schmieden angewendeten Steinkohlen, aus Hermsdorf, Weis-

stein

stein und Altwasser geholt würden. Die Grundherrschaft erhalte dafür an den genannten Orten von jedem Gerüste Kohlen (welches so viel sey, als mit zwei Bergrößlein fortgeführt werden könne), drei Weisgroschen. Die Zahlung für die Kohlen an die Bergleute und das Fuhrlohn bis Schweidnitz, betragen für ein solches Gerüste zusammen ohngefähr 22 Weißgroschen *). Beiläufig wird erwähnt, daß auch unter den Herrschaften Fürstenstein und Adelsbach Steinkohlen Gruben sich befänden, aus diesen aber nichts nach Schweidnitz komme.

Da man von Seiten der Kammer nicht recht klar war, aus welchem Gesichtspunkt man die Steinkohlen betrachten sollte, so ertheilte man Schürfscheine darauf, und beabsichtigte dabei die durch die Schürfer aufzunehmenden Gruben, mit einem Zins für die K. K. Kammer zu belegen. Ob letzteres geschehen, geht nicht aus den Akten hervor, gewiß aber ist nach Lage derselben: daß man keinesweges lange bei dieser Ansicht beharrte und nicht — wie gewöhnlich angenommen wird — die Steinkohlen als ein Regale der Grundherrn, vielmehr sehr zeitig als ein landesherrliches (in altem Sinne Herzogliches) Regale behandelte, womit die Grundherrn, wenn sie es besitzen sollten, in ihren Lehnbriefen oder durch separate Begnadigung, privilegirt seyn mußten. Dies geht namentlich aus folgenden Privilegien von Rittergütern, in den Erbfürstenthümern Schweidnitz, Jauer und in der Grafschaft Glatz hervor, welche sich aus deren Lehnbriefen ergeben.

1) „Schloß und Haus Neuhaus sammt dem

*) Zwei Pferde ziehen in dieser Gegend — da man wegen der damaligen schlechten Wege nicht das Maximum annehmen kann — ohngefähr 4 Tonnen; diese kosteten also damals bis Schweidnitz 25. W. Gr. = 18 Sgr. 8. Pf., welches jetzt dort ohngefähr der Preis für 1½ Tonne Stückkohlen ist.

„Vorwerk und zugehörigen Dorfschaften Dietrichsbach, Haan, „mit dem Antheil Beerengrund“ ist nach Ausweis des Lehnbriefes für Heinrich von Zettritz (8ten December 1649) beliehen mit „Berg- und Kohl-Gruben, Gebrauch und Ein„schlag.“

2) „Das Gut und Dorf Hermsdorf (laut Lehnbrief für“ Gottfried Zettritz den 8ten December 1649) mit „Berg- und Kohl-Gruben und Einschlag beliehen.“

3) Altwasser hatte früherhin drei Antheile, welche Balthasar von Kuhl zusammen kaufte. Nach einem Lehnbriefe (ausgefertigt von dem Mannenrecht zu Schweidnitz Namens Kaiser Rudolph II. Montag nach Invocavit 1584) hatte er nachgesucht „ihm die in diesen drei Antheilen“ des Gutes stehende und liegende Steinkohlen, in Lehn „zu geben“ und empfing sie demnach in Lehn. — Diese Belehnung ist in den spätern Lehnbriefen über Altwasser als mit aufgenommen angeführt.

4) „Städtchen und Gut Waldenburg“ ist beliehen (z. B. Lehnbrief für Hans Heinrich V. Grafen von Hochberg — Breslau, den 14ten December 1764) mit „Kohlgruben.“

5) Weißstein ebenso (nach dem Lehnbriefe von demselben Tage) mit „Kohlengruben.“

6) In der landeshauptmannschaftlichen Confirmation (Glatz, den 18ten Juny 1663) des Kaufkontracts des Grafen von Götz um das Gut Eckersdorf werden „Kohlgruben“ unter den Pertinenzen dieses Gutes aufgeführt.

7) Eben so kommen „Kohlengruben“ und deren „Nutzung“ unter den Pertinenzen des Lehngutes Schlegel in der landeshauptmannschaftlichen Confirmation (Glatz, den 9ten August 1681), eines von den Gebrüdern Freiherrn von Morgante um dies Gut geschlossenen Kaufkontracts vor.

Unbezweifelt besitzen, nach diesen Lehnbriefen die Gutsherrn der erwähnten Güter auf denselben, bei dem Steinkohlen-Bergbau, ein ihnen von dem Landesherrn beliehenes Ausschließungsrecht gegen fremde Muther. Eine ganz erschöpfende Feststellung der Gränzen dieses Rechts, hat bisjetzt nicht statt gefunden.

Wie bei Hermsdorff und Weißstein die Bauerschaften dies Recht mit der Grundherrschaft, vermöge gütlicher Uebereinkünfte in Gemeinschaft üben, gehört nicht hierher, weil diese Uebereinkünfte neuen Ursprungs sind.

Uebrigens sind bei der Abfassung des Schlesischen Steuer-Catasters, die damaligen Steinkohlengruben auf jenen Gütern — unter Abrechnung des Zehnten — nach dem Dominial-Divisor von 28½ Procent, zur Grundsteuer gezogen worden.

§. 28. Erlöschen der Fürsten des Piasten-Stammes.

Der 1675 erfolgte Tod des letzten, aus ebenbürtiger Ehe entsprossenen Schlesischen Piasten — Georg Wilhelm Herzog zu Brieg, Liegnitz, Wohlau — bildet einen wichtigen Moment in der Schlesischen Geschichte, denn nun war unter den Schlesischen regierenden Fürsten keiner mehr, welcher in seinem Lande unsprüngliche, aus der Zeit vor der Vereinigung Schlesiens mit Böhmen, da gewesene Rechte besaß; keiner, dessen Verhältniß zu der Krone sich auf eine Auftragung zu Lehen gründete. Alle nun noch vorhandene Fürsten, hatten ihre Fürstenthümer von der Krone, bei vorgefallenen Lehnserledigungen, empfangen. Sie waren in ihrem Lehnsverhältniß mehr oder weniger als Begnadete anzusehen, und wenn auch ihre Lehnbriefe von allen Rechten der Fürstenthümer sprachen, so waren doch die Kaiser keinesweges gemeint, auf diese Ausdrücke sonderliches Gewicht zu legen. Mehr und mehr um sich greifend in Ausdehnung fiskalischer Gerechtsame, konnte nun Kaiser Leopold I. in der Authentica vom 28sten Juny 1694 den, für die alten ursprünglichen Schlesischen Piasten-Fürsten, gar nicht, und für die neuern nur bei einer sehr willkührlichen Auslegung der Lehnbriefe, statthaften Grundsatz aufstellen: daß, „unter dem Jure ducali nur diejenigen Gerechtsame, welche sonst sub mero et mixto Imperio verstanden werden und ein mehreres nicht als die „Ober- und Nieder-Gerichte gemeint seyn sollen *).“ Diese für das neuere Schlesische Fürstenrecht in Anwendung gebliebene Auslegung eines ursprünglich viel ausgedehntere Begriffe bezeichnenden Wortes, mogte darum vielleicht keinen direkten Widerspruch von Seiten der damaligen Schlesischen Fürsten finden, weil sie theils von dem kaiserlichen Hofe zu abhängig, theils mit den wahren Verhältnissen des (den meisten unter ihnen eigentlich fremden) Landes nicht bekannt, zugleich aber auch, weil sie durch die, in ihren Lehnbriefen und andern Erwerbungsurkunden einzeln aufgezählten Privilegien und Rechte, für diese Einzelheiten geschützt, und nicht vorsichtig genug oder zu schüchtern waren, um zu rügen: wie da, wo es um das Festhalten eines großen Ganzen von Rechten sich handelt, das Aufzählen solcher Einzelheiten, wenn es auch scheinbar das Ganze erschöpft, dennoch dem Berechtigten keine hinreichende Sicherheit gegen den gewährt, welcher diese Einzelheiten dann willkührlich zu deuten Gewalt, und dies recht eng zu thun, Interesse hat. —

Wie übrigens in den Lehnbriefen Schlesischer Fürsten, welche keine Piasten waren und ihre Länder zu Lehn empfingen, dergleichen einzelne Rechte möglichst vollständig eingerückt wurden, davon dienen unter andern die K. Lehnbriefe Ferdinand III. (Ebersdorf, 25sten September 1637) für die Fürsten Heinrich Wenzel und Carl Friedrich, über

*) S. Brachvogelsche Sammlung p. I. No. 24.

das Fürstenthum Oels zum Beispiel, in denen unter den Rechten der beliehenen Herzoge auch „Bergwerke“ nicht vergessen sind.

§. 29. General-Bergwerks-Belehnung für den v. Schärfenberg und seine Söhne.

Von dem, in dem sogenannten strohernen *) Zeitalter der Schlesischen Geschichte, unter Kaiser Leopold I. und seinen Nachfolger, hinsichts des Bergwesens in Schlesien stattgefundenen Privilegien-Wesen, und dem ganzen Verfahren der Regierung, geben die Unternehmungen der Familie von Schärfenberg, ein merkwürdiges Beispiel. Die Einzelheiten davon gehören in die Specialgeschichte des Reichensteiner Bergwesens; hierher aber Folgendes.

Johann von Schärfenberg (früherhin Feldapotheker, wahrscheinlich nebenbei Alchimist, späterhin geadelt und als Rath titulirt) und ein Capuciner Mönch P. Pauwens (Missionarius et Notarius apostolicus), Theilnehmer an den chemischen Arbeiten des v. Schärfenberg, erwarben sich durch allerlei Umtriebe von Kaiser Leopold I. (Laxenburg, den 1ten Juny 1699) eine Urkunde, in welcher ersterer zum Oberberghauptmann in Ober- und Nieder-Schlesien, letzterer zum Coadjutor und Inspector ernannt und ihnen nicht nur

1. unter Beachtung der Maximilianschen Bergordnung von 1575 et salvo Jure Tertii,

2. „ohne weitere Extension der von den Bergstädten „dermalen genießenden Exemptionen,

3. „cum Exclusione aller übrigen sonsten in Berg-„werkssachen bestellt gewesenen Inspectorum).“

---

*) Vergl. Menzel über eine ungünstige Periode in Schlesiens geistiger Cultur — in den Schlesischen Provenzial-Blättern 1817. Bd. I, S. 194.

die Einrichtung und Instandsetzung aller kaiserlichen Bergwerke in Ober- und Nieder-Schlesien überlassen, sondern auch — um ihnen dazu Geldmittel zu verschaffen — die Einlösung der an die Wartenbergschen Erben verpfändeten Domaine Prieborn, für 154000 Gulden „zu vollem Eigenthum" gestattet und bestimmt wurde: daß wenn sie binnen drei Jahren die Bergwerke und Hütten, aus eignen Mitteln in Stand gesetzt, dem Kaiser überlieferten, ihre Arkane treu angeben würden, sie auch inzwischen monatlich über ihre Arbeiten „versiegelte" Berichte erstatteten, ihnen nicht nur die Herrschaft Prieborn eigen verbleiben, sondern auch eine Belohnung von 80,000 Reichsthalern aus der Ausbeute zu Theil werden, entgegen gesetzten Falls aber der Kaiser berechtigt seyn solle, die Herrschaft Prieborn wieder an sich zu lösen *).

v. Schärfenberg und P. Pauwens, verstanden das damals noch geheim gehaltene Reduciren des Arseniks, richteten darauf hauptsächlich ihr Augenmerk, zugleich aber auch auf das Ausbringen von Gold u. s. w. Schnell verwickelten sie sich — zum Theil durch eigenmächtiges Verfahren, zum Theil wegen Mangel an Geldmitteln, in Verlegenheiten. v. Schärfenberg starb schon 1701. Seine Söhne Johann Leopold und Gottfried Bernhard erlangten, in Gemeinschaft mit dem P. Pauwens, (Wien, den 8ten Juny 1702) die Würden ersterer als Ober- letzterer als Unter-Berghauptmann in Schlesien, verglichen sich nach langem Streit mit der Stadt Reichenstein wegen des dortigen Bergbaues, und erwarben (Wien, den 15ten April 1713) ein kaiserliches Privilegium, wodurch jener Vergleich nicht nur genehmigt, sondern auch denen von Schärfenberg und deren Erben und Erbnehmern, der Bergbau um

---

*) S. Heinze a. a. O. S. 80.

Reichenstein und Silberberg, in allen Gebirgen von den Gränzen des Fürstenthums Neiß, bis an die Gränzen des Fürstenthums Schweidnitz, völlig im Allgemeinen dergestalt in Lehn gegeben wurde, daß sie als Hauptlehnsträger beliebig Gewerkschaften darauf annehmen, darüber auf das freieste verfügen können, nur unter der Cammeral-Administration der drei reservirten Fürstenthümer stehen, ein eigenes Ober-Bergamt errichten, für sich und ihre Leute frei backen, brauen und schlachten, auch völlige Jurisdiction in Bergwerkssachen ausüben lassen dürfen, und ihre Bergbeamten unter Niemand als ihnen stehen sollen.

Dieses viel umfassende Privilegium trat wirklich in das Leben; allein die Brüder von Schärfenberg (von denen der jüngere schon 1721 starb) waren nicht die Männer, welche gehörig davon Gebrauch zu machen vermogten. Sie leisteten für Reichenstein und Silberberg wesentlichen Nutzen durch die Arsenikfabrikation und den Hüttenbetrieb überhaupt, verstanden aber den Grubenbau nicht, und besaßen keine gründlichen bergmännischen Kenntnisse, wie der oberberghauptmannschaftliche Reisebericht des ältern dieser Brüder, über die Bergwerke in den Fürstenthümern Schweidnitz und Jauer beweist. —

So übereilt als man der v. Schärfenbergschen Famille ein wichtiges Privilegium gegeben hatte, eben so gewaltsam hob es die Schlesische Kammer — angeblich, wegen nicht erfüllter Bedingungen, und zur Schadloshaltung für die Ansprüche des Fiscus, wegen 11,570 Thlr. 15 Sgr. 9 Pf. Vorschüssen zu dem Reichensteiner Bergbau — ohne Rücksicht auf die von Schärfenbergschen Erben und Gläubiger (den 31. Aug. 1739) wieder auf, als der Ober-Berghauptmann von Schärfenberg (den 29sten Mai 1738) ganz verarmt gestorben war.

§. 30. Uebersicht der Lage des Schlesischen Bergbaues gegen das Ende dieser Periode.

Was dem damaligen Schlesischen Bergbau den größten Abbruch that, und wodurch er um die Zeit der preußischen Besitznahme Schlesiens, zu einer früher nie da gewesenen Unbedeutsamkeit herabgesunken, war der Mangel einer obersten umfassenden, hinreichend einsichtigen und kräftigen, mit Betriebsmitteln versehenen Leitung. Alle diejenigen Personen, welche man seit der Rudolphschen Bergordnung als Schlesische Ober-Bergmeister *), oder Berghauptleute **), oder als Bergmeister der Fürstenthümer Schweidnitz und Jauer in den Acten finden, besaßen entweder nicht Kenntnisse oder nicht genug Macht, etwas Umfassendes auszuführen, würden aber auch, wenn ihnen beides gegeben gewesen, bei dem damaligen Geschäftsgange, und bei dem Gelüst der Staatsverwaltung nach Ausbeute, neben der Unbereitwilligkeit für den Bergbau bedeutendes Betriebscapital zu bestimmen, nichts ausgerichtet haben. — Daß die v. Schärfenbergsche Familie, bei der ihr ertheilten ausgedehnten Vollmacht, welche die ganze Verwaltung des Schlesischen Bergwesens, (soweit nicht Privilegien einzelner Fürsten und Stände in den Weg traten), in ihre Hände gab, so wenig vollbrachten; lag in ihrer Individualität und geringem Credit, doch dürften ihnen keineswegs alle Verdienste um den Niederschlesischen Bergbau abzusprechen seyn; sie munterten wenigstens die Gewerkschaften auf, suchten durchgehend eine

---

*) Namentlich Pardt.

**) Namentlich Pardt, Leopold Heinrich Freiherr v. Rechenberg, Herr auf Plähwitz Zubernik und Johnsdorf K. K. wirklicher Cämmerer, Cammerrath in Ober- und Nieder-Schlesien, Oberhauptmann und Inspector der Bergwerke in den Fürstenthümern Schweidnitz und Jauer — v. Schönberg — Schauchel.

festere Verwaltung auf den Werken zu befördern und brauchbare Leute anzustellen.

In einem (Reichenstein, den 9ten Mai 1718) von den Brüdern von Schärfenberg an die Schlesische Haupt-Hof-Kammer-Commission erstatteten, unvollständig abgefaßten Hauptbericht über die Schlesischen Bergwerke (in welchem sie über die Untüchtigkeit der meisten, großentheils zu andern „Professionen“ gehörenden Privatbergbeamten, und über den Mangel einer allgemeinen zeitgemäßen Bergordnung, so wie über die vernachläßigte Einrichtung des Zehntwesens klagen) finden sich über die Lage und Verfassung jener Bergwerke um gedachte Zeit folgende Data.

Die Schlesischen Bergwerke waren von dreierlei Art:

I. „Königliche Cammeral-Bergwerke und Bergstädte.

II. „Privat-Bergwerke und Bergstädte, oder Oerter mit Bergämtern.

III. „Werke, welche entweder wegen noch nicht zulänglich geschehener Einrichtung, oder bisheriger Exemption, noch unter kein Bergamt gezogen.“

Als Cammeral-Bergwerke werden bloß die zu Reichenstein und Silberberg aufgeführt. Beide wurden durch die Bürgerschaften dieser Städte (und bei Silberberg durch einige Breslauer Kaufleute) als Gewerkschaften unter einem Königl. Bergamt zu Reichenstein betrieben, welches aus einem — zugleich die Markscheider-Arbeiten verrichtenden — Bergmeister, einem Geschwornen für Reichenstein — welcher zugleich den Berg- und Hüttenschreiberdienst versah, — und einem Geschwornen für Silberberg — welcher zugleich dort die Schichtmeisterrei versah, — bestand. Das ganze Zehntwesen besorgte ein „Königl. Cammeral-Bergwerks-Verwalter und Decimator.“ Die Knappschaft bestand, mit Einschluß der Obersteiger, Steiger, Schmelzer u. s. w. aus ohngefähr 60 Mann. —

Als Privatbergwerke und Bergstädte, mit Privatbergämtern werden erwähnt:

1. Gottesberg, wo unter einem von der Grundherrschaft (den Grafen von Hochberg) eingesetzten, aus einem Bergmeister, einem Geschwornen und einem Bergschreiber bestehenden Bergamt, auf Silber, drei Zechen (Seegen Gottes, Morgenstern, Wags mit Gott) von eben so vielen, meist aus Gottesberger Bürgern bestehenden Gewerkschaften, ohne bedeutende Ausbeute, betrieben wurden und besonders die Wassergewältigung Schwierigkeiten machte.

Die Belegschaft bestand aus mehr als 30 Mann.

2. Dittmannsdorf und Seitendorf. Hier bauten mit einer Belegschaft von ohngefähr 20 Mann unter einem, aus einem Bergmeister und einem Bergschreiber bestehenden, von den beiden Grundherrschaften gemeinschaftlich gebildeten Bergamt, mehrere Gewerkschaften auf Silber und Blei, die Zechen: Gabe Gottes, Kaiser Heinrich, Goldne Fortuna, Kaiserlicher Adler. Die Schmelzhütte gehörte der Grundherrschaft, das Pochwerk der Gewerkschaft Gabe Gottes. Im Ganzen waren 11 Mark Silber gewonnen.

3. Kupferberg. Von den alten Zechen waren im Umgang: Gute Hoffnung — mit weitläuftigen Zubehören und zwei Erbstollen — wo unter sehr günstigen Umständen 50 Arbeiter angelegt waren. — Seegen Gottes, mit 12 Mann; Wolf-Schacht, nebst dazu geschlagenen Zug und Reichentroster Erb-Stollen, mit 14 Mann belegt.

Das „göttliche Cammer-Glück zu Altenberg. — Diese Zechen wurden von verschiedenen Gewerkschaften gebaut, welche wegen Hütten- und Pochwerksbenutzung unter sich Abkommen getroffen hatten. Unter den Lehnträgern kommt schon in 1718 der Breslauer Kaufmann Adam Samuel Jagwitz vor, welcher — so wie mehrere seiner Nachkommen — zu den thätigsten Schlesischen Gewerken gehörte.

Das Kupferberger — Grundherrschaftliche — Bergamt, bestehend aus einem Bergmeister und zwei Geschwornen, von denen einer den Dienst als Berg- und Hüttenschreiber mit versah — leitete das Ganze.

Des Bergbaues bei Tarnowitz und des v. Gieseschen Gallmeibergbaues, erwähnt der v. Schärfenbergsche Bericht nur beiläufig, weil die Brüder v. Schärfenberg gar nicht in jene Gegend gekommen. Von dem Bergbau bei Zuckmantel und an dem Engelsberge, giebt er ebenfalls keine Notiz.

Der Zinnbergbau zu Giehren lag um diese Zeit ganz darnieder; früherhin bestand dort ein Gräflich v. Schaffgotschsches Bergamt.

Ebenso muß der Goldbergbau am Wildberge, in der Gegend von Schönau, 1718 schon erlegen gewesen seyn, da seiner in dem v. Schärfenbergschen Bericht keine Erwähnung geschieht. 1695 bestand dort noch ein Bergamt.

Von Bergwerken, welche gar keinem Bergamt untergeordnet waren, fand man um jene Zeit einen Versuchs-Stollen, welchen ein Bergmann Sigismund Peißger, an dem Nickelsberge bei Goldberg trieb. — In späterer Zeit kommt eine Zeche, Seegen Gottes, bei Schmiedeberg vor, welche auf Silber baute, bald aber auflässig ward.

Alle jene Privatbergämter bedienten sich größtentheils der Joachimsthalischen Bergordnung, als subsidiarischen Gesetzes, neben eignen, von den Grundherrn ertheilten Bergordnungen. Von diesen einzelnen Bergordnungen ist zum Theil bereits oben die Rede gewesen; zu erwähnen sind aber hier noch besonders:

des Christoph v. Hochbergs Bergordnung für seinen Theil von Gottesberg v. 1532.

des Ulrich v. Czettritz, Bergordnung für seinen Theil von Gottesberg v. 1533 Sonntag Judica, des Juß Ludwig Dielz Bergordnung von Kupferberg v. 1539.

des Johann von Würben Bergfreiheit für die Bergstadt Engelsburg. Sonntag Oculi 1556.

des Grafen Schafgotsch Bergordnung für Giehren vom 22sten August 1622.

des Hans Anton Grafen Schafgotsch Bergordnung für Giehren vom 12ten Juny 1738.

dessen Addenda dazu vom 3ten November 1738.

des Wilhelm v. Rosenberg Bergordnung für Reichenstein v. 1583.

des Peter Whock v. Rosenberg Bergordnung für Silberberg v. 1536.

Alle diese, rein in Folge grundherrlicher Bergvoigtei, erlassenen Bergordnungen, bei denen mehr oder weniger die Joachimsthaler zum Grunde liegt, doch auch bedeutende örtliche Abweichungen vorkommen, sind Beläge zu dem, was oben über den Umfang dieser Voigtei gesagt worden. Ihre Verschiedenheit war dem Schlesischen Bergwesen nachtheilig; sie mußten untergehen, wenn sich dieses zu einem großen Ganzen gestalten sollte.

Der Versuch, diese Aufgabe zu lösen, fällt in eine Periode, welche außer den Gränzen dieser Geschichte liegt.

§. 31. Bergwerks-Privilegien für einzelne Güter.

Wenn man dem bergmännischen Streben unternehmender Männer jener Zeit, besonders vieler Breslauer Kaufleute, Gerechtigkeit widerfahren lassen muß, und in Folge desselben eine bedeutende Anzahl Fundorte benannt findet, welche damals, wenn auch nicht alle in Bau, doch der bergmännischen Beachtung werth gehalten wurden; so geschah dagegen von Seiten des Staats, für den Bergbau in diesem letztern Theil der hier vorliegenden Periode, wie schon gezeigt, desto weniger; doch war man — besonders seit der Rudolphschen Bergordnung, bei Ertheilung neuer Belehnungen von Rittergütern, mit dem Vergeben von Bergrechten des Staats, und mit dem Gebrauch darauf zu deutender Ausdrücke vorsichtiger; denn während die Worte „Gebirge und Thale" „Steinbrüche" „Berge und Gründe," welche dergleichen unbezweifelt nicht bezeichnen, in solchen Lehnbriefen sehr häufig zu finden sind, zeigen sich Ausdrücke jener zweifelhaftern, oder von bestimmt das Bergregale ganz oder theilweise hingebender Art, selten. Als Beispiele sind jedoch folgende aufzuführen; von denen mehrere zum Beweise dienen, daß man damals mit dem Ausdruck „Nutzungen über und unter der Erde" keinen ganz festen Begriff verband.

1. Der damalige deutsche König Ferdinand III. verkaufte („als Fürst zu Oppeln und Ratibor") die ihm durch Confiscation zugefallene Herrschaft Zierowz in Oberschlesien (Oppeln, den 25sten Januar, confirmirt Wien, den 11ten Februar 1631) an den Freiherrn von Gaschin. In diesem Kaufcontract werden dem Kaufer mit überlassen. „Alle und jede Nutzungen, über und unter der Erde, wie „die mit besondern Namen genannt werden möchten." Weiterhin aber werden dem Verkäufer ausdrücklich vorbehalten: „die Königlichen und landesfürstlichen Regalien, „als Metall- Silber- und Gold-Bergwerk, Schätze u. s. w.

2. In dem, Namens Kaiser Leopold I. von dem Landrecht zu Oppeln (23. Aug. 1679) confirmirten Kauf des Gustav, Reichsgrafen Colonna, um das Gut Keltsch, kommen vor „Nutzungen über und unter der Erde klein „und groß, viel oder wenig, wie die in gemein mit besondern Namen genennet, oder künftig noch angerichtet werden möchten."

3. Hans Christoph Freiher von Tschietschau und Mellich verkaufte (Schloß Ratibor, den 10ten Januar 1628)

Schloß und Herrschaft Ratibor König Ferdinand III. unter andern mit „allen Herrlichkeiten und Genüssen ob und „unter der Erden.“

4. In dem Kaufkontract, durch welchen Kaiser Rudolph II. als Herzog von Oppeln und Ratibor die bisherige Domainen-Herrschaft Ober-Glogau (Prag, den 25sten Juny 1595) „mit vorgehabten zeitigen Rath und einhelli„gen Bewilligung der obristen Officierer und edlen Räthe „der Kron Böhmen“ dem Georg v. Oppersdorf verkaufte, sind als mitverkauft benannt, alle und jede Nutzungen in und ob der Erden, wie „die Nutzungen, klein oder groß, „viel oder wenig, in gemein oder sonders genannt oder „künftig auf- und angerichtet werden mögten.“ Vorbehalten werden unter andern aber „Landesfürstliche Regalien „als Metall-Bergwerke, Schätze“ u. s. w.

5. Unter den, als Pertinenzen von Soschnitzowitz oder Kieferstädtel, in dem um diese Herrschaft von Carl Joseph Grafen von Hoditz und Wohlfronitz (als Meistbiethenden) errichteten Kaufkontract (confirmirt Ratibor, 13ten Januar 1730), aufgeführten Gegenständen sind „Eisenhämmer und Eisenerz“ benannt.

6. In dem Verreichsbriefe, womit Kaiser Ferdinand III. (Breslau, den 16. August 1641) die confiscirte Herrschaft Trachenberg dem Melchior Grafen v. Hatzfeldt übergiebt, sind nicht die Nutzungen über und unter der Erde erwähnt, wohl aber „den Königen zu Böhmen und obristen Herzogen in Schlesien“ unter andern „landesfürstliche Regalien, Metall-, Silber- und Gold-Bergwerke u. s. w. vorbehalten.

7. In dem, von Kaiser Rudolph II. den 7ten Juni 1605 dem Conrad v. Hochberg über die Herrschaft Fürstenstein ertheilten Erbbriefe, sind dem Kaiser als Herzog von Schweidnitz ausdrücklich vorbehalten „alle und jede „Bergwerke, die bereits in Lehn sind, oder über kurz oder

„lang in bemeldeter Herrschaft Fürstenstein Gebieth und „Grund sich erregen und von was Metall dieselben seyn „möchten.“

§. 32. Von den Privilegien der Schlesischen Bergstädte und deren Verfassung.

Durch den dreißigjährigen Krieg, und vorzüglich durch die in ihm oft erneuerten Verfolgungen der Evangelischen in Schlesien, hatte, wie schon oben berührt, der Betrieb des Bergwesens sehr gelitten, und einen um so empfindlichern Stoß erhalten, als der größte Theil der besten Bergleute grade aus solchen, aus Deutschland nach Schlesien gekommenen Glaubens Genossen bestand; dennoch erlag der Bergbau in Schlesien auf den wichtigsten Punkten nur für kurze Zeiträume ganz, und selbst im Lauf jenes Krieges sorgten die Schlesischen Stände für das Beste des Bergbaues. Auf dem Landtage von 1631 äußerten sie (§. 14. des Landtagschlusses vom 9ten August 1631). „Es verhofften die „Herrn Fürsten und Stände, es werde Ihre Majestät die „Bergstädtlein und die darin wohnenden Leute, weil sie „nicht allein von allen und jeden Steuern sonsten befreit, sondern auch mehrentheils blutarm seyn „und was sie haben in die Bergwerke zur Erhaltung der „Stollen und Fodinen wiederum einstecken müssen, so viel „die Viehsteuer anbetrifft (gar nicht aber ratione der Müllermetze und des Fleisch-Pfennigs, weil es daselbst allerhand Confusionen geben würde) befreit seyn und bleiben „lassen werden.“

Nach einem Landesconclusum der Fürsten und Stände (Breslau, den 30sten Mai 1637) „sind die Bergstädte Tarnowitz, Reichenstein, Silberberg und Zuckmantel ihrer „Bergfreiheit und Immunitäten wegen frei und exempt, „was aber die wirklich andern Handwerker und diejenigen,

„welche nur Handel und Gewerbe treiben, ingleichen die „Fremden betrifft, so sind sie der Exemtion nicht fähig.“

Es ist hier der Ort, über die eigenthümlichen Verhältnisse und Privilegien der Bergstädte in Deutschland, insbesondere aber in Schlesien, einen Ueberblick zu geben.

In frühern Zeiten, wo man Freiheit des Besitzthums zu hoch schätzte, um nicht jeder directen Abgabe möglichst zu widerstreben, war es ein allgemein angenommener Verwaltungsgrundsatz: daß der Staat, da wo seine baaren Mittel nicht hinreichen, Menschen für seine Zwecke zu gewinnen, durch Immunitäten dies bewirken müsse, welche zu dulden dem Volk weniger lästig ist, als wenn es jene baaren Mittel, dem Staat, durch gehäufte Abgaben beschaffen soll, die zuletzt doch nie genügen das zu erreichen, was auf jenem Wege einfacher, sicherer und ohne solchen fühlbaren Druck erlangt wird. So entstanden schon in den Staaten des Alterthums, Bevorrechtungen einzelner Körperschaften, deren Gedeihen dem Staat wichtig war, und unter diesen namentlich die besondern Rechte der Berg- und Hüttenleute und der von ihren Genossenschaften gegründeten oder bewohnten (Berg) Städte.

Die Privilegien der Bergstädte (oder auch Dörfer) in Schlesien, welche in der neusten Zeit, bis auf Kleinigkeiten, allmählig aufgehoben worden, kommen mit den Privilegien der Bergstädte anderer Länder darin überein: daß sie bei den Bürgern der Stadt oder bei den Mitgliedern der Dorfgemeinde, das eigene Betreiben des Bergbaues, oder mindestens den Besitz von Kuxen an dem Werke, welches zu dem Privilegium Anlaß gegeben, voraus setzen. Die Bürger einer Bergstadt mußten also, um dies zu seyn, eines oder das andere dieser Erfordernisse nachweisen, und so zeigen sich hier Communen von Metallariis im Sinn des spätern römischen Rechts. Da wo schon vor Aufnahme des Bergbaues eine Stadt vorhanden war, er-

streckte

streckte sich das Privilegium nur auf die sich ansiedelnden Bergleute, welche also als eine für sich bestehende, von der Stadtcommune geschiedene Corporation (Collegium) behandelt wurden. So wird in der Silberberger Bergordnung von 1596 bei den eingeräumten Privilegiis ausdrücklich gesagt: daß die Bürger solche nur genießen sollen, so lange sie Bergbau treiben, „da dieselben — Bergwerke — aber „künftiger Zeit fallen, sollen sie entrichten, was ander Orten üblich ist."

In gleicher Art wurde in der Tarnowitzer Stadt- und Polizeiordnung (Montags vor trium Regum 1574) §. 29. bestimmt, daß Niemand, der nicht Gewerke zu Tarnowitz sey, dort Handel treiben dürfe und in der Tarnowitzer Bergordnung vom 20sten April 1577. §. 5 und 6. ist festgesetzt, daß wer an der Braugerechtigkeit der Bürgerschaft Theil nehmen will, bei denen deshalb an Pfingsten und Michaelis jeden Jahres vorzunehmenden Untersuchungen nachweisen muß, daß er alle halbe Jahre mindestens 50 Floren im Bergbau verwende. — In einem sub dato Jägerndorf, den 22sten October 1682 ergangenen landeshauptmannschaftlichen Rescript, ist den sich zu Tarnowitz aufhaltenden Adlichen die Wahl gelassen, entweder mit Bergbau zu treiben und mit der Bürgerschaft zu heben und zu leben, oder binnen 6 Wochen Tarnowitz zu verlassen. — Auswärtige Gewerke mußten in solchen freien Bergstädten das Bürgerrecht gewinnen. — Selbst die Form des Besitzerwerbs bürgerlicher Grundstücke und Nahrungen in Bergstädten war (wie schon oben bei Tarnowitz erwähnt) eine rein Bergmännische. Wer ein Haus bauen, einen Kram, eine Fleischbank u. dgl. errichten, einen Brunnen graben wollte, mußte darauf Muthung einlegen, bekam den Gegenstand durch den Bergmeister in Lehn und durch den Markscheider zugemessen. In der Belehnung von Brunnen wurde bemerkt, daß wenn der Beliehene damit Erz finde, er den Brunnen als Schacht muthen müsse, und dazu als erster Finder bevorrechtet sey.

Die in den Privilegiis enthaltenen Bergfreiheiten sind hauptsächlich folgende, welche theils das ganze Werk, theils nur die Theilnehmer und Arbeiter persönlich begünstigen.

1. Eigene Gerichtsbarkeit und Polizei. — Welchen Werth man hierauf in frühern Jahrhunderten legte, und bei dem wenigen Eingreifen des Staats in die Ausübung der Jurisdiction der einzelnen Gerichtsherrn, mit Recht legen mußte, ist bekannt. Nur durch solche eigne Jurisdiction vermogte sich das Bergvolk vor Bedrückungen der Jurisdictionarien des Territorii zu sichern, denen Bergleute sonst um so gewisser ausgesetzt gewesen wären, als sie großentheils Ausländer waren. — Hierzu kam die Vorliebe solcher einwandernden Ausländer für ihre heimischen Rechte und Gewohnheiten, die, überall wo man das Wesen des Bergbaues kennt, gefundene Ueberzeugung, daß nur mit dem Technischen bekannte Richter über Bergrechtshändel zu urtheilen im Stande sind, und endlich das Geschwornen-Wesen jener Zeit, welches gestattete, nur von Schöppen seines Standes unter einem Richter gerichtet werden.

Daß der Ferdinandsche Bergvertrag mit den Böhmischen Ständen, das Bergvolk in persönlichen Angelegenheiten den Grundherrn unterwarf, war eine Folge des Umstandes, daß dieses Gesetz ein wahrer Vertrag und in Böhmen Leibeigenschaft war, das damalige Bergvolk in jenem Lande aber aus Inländern, also eben meist aus solchen Leibeignen bestand, und dennoch waren die Rechte dieses Bergvolks sehr groß, wie man unter andern aus Deucers Bergbuch ersieht. — Die Rudolphischen Bergordnungen für Schlesien und Glatz, weichen von jenem Böhmischen Bergvertrag wesentlich ab, indem besonders letzterer die Gerichtsbarkeits-Exemption der Bergleute deutlich ausspricht.

Daß die Bergbeamten größtentheils von den Grundherrn eingesetzt wurden, schadete jener Exemption nicht, denn sie mußten nach den eingeführten Verfassungen und Bergordnungen verfahren, ihre Ernennung war also eigentlich ein Ehrenrecht des Grundherrn als des „gebornen Bergvoigts.“ Auch war es weniger erheblich, ob dieser dem Berggericht mit vorsaß, als daß er bei demselben nicht gemeine fremde, sondern aus dem Bergvolk genommene Schöppen neben sich oder seinem Stellvertreter (Hofemeister) zuzog.

In den Bergstädten hatten die Gewerkschaften besonders das Recht, eigene Bergmeister und Geschworne zu wählen, welche diese verschiedenen Zweige der öffentlichen Gewalt ausübten. Eine Folge des grundherrlichen Voigtei (Patronats-) Rechts, welches hier die Gemeinde, welche eben die Gewerkschaft bildete, besaß. Die Verbindung, in welcher ein so gebildetes Bergamt mit dem Magistrat der Bergstadt stand, war verschieden, und richtete sich nach den Umständen, unter denen der Bergbau dort aufgekommen war: ob er z. B. früher oder später als die Stadt seine Entstehung genommen u. dgl. *)

2. Verwandt mit der staatsbürgerlichen Selbstständigkeit und eignen Jurisdiction, ist das den Bergstädten und

*) Ueber den eximirten Gerichtsstand der Bergleute in Sachsen, und das Forum speciale Causae der Bergwerkesachen, so wie über die ursprüngliche Verbindung der städtischen mit den Bergwerks-Obrigkeiten in den alten Chursächsischen Bergstädten: S. Otia metallica (Schneeberg, 1748. S. 270.), wo überhaupt über die Bergfreiheiten der Bergstädte mehreres zu finden ist. Desgleichen s. (Klotzsch) Ursprung der Bergwerke in Sachsen.

auch Zechen beigelegte Recht eines eigenen Siegels. — Eisen und Schlegel — wohl in ganz Europa die Sinnbilder des Bergbaues, wurden dem Wappen auf eine oder die andere Art beigefügt und wer den hohen Werth kennt, welchen man in frühern Jahrhunderten auf Blasonirung der Wappen und auf den Gebrauch des rothen Wachses bei dem Siegeln legte; wird das Bedeutsame dieses Rechtes für Bergstädte nicht verkennen *).

3. Freier Ab- und Zuzug. Die Freiheit, ohne Abschoß u. dgl. seinen Wohnort und das Land zu verlassen, und eben so bei dem Namen eines Wohnsitzes keine Zoll-Plackereien leiden zu dürfen: war in Zeiten, wo bei weiter Ausdehnung der Territorial-Rechte, neben unendlicher Zersplitterung des Territorii, die Verlegung des Wohnsitzes von einem Ort an einen andern, vielen Plackereien und Abgaben unterworfen war, ja wohl oft ganz von den Gerichts- und Landesherrn untersagt wurde; von großer Erheblichkeit. Hätte man den Bergleuten diese Freiheit versagen wollen, so würde das Ansiedeln der einzelnen, so wie ganzer wandernder Knappschaften nicht statt gefunden, und kein neues Werk den betriebsamen Ausländern seine Entstehung verdankt haben. Es war, als der Bergbau sich in der Kindheit befand, nothwendig: daß Bergleute wanderten, um durch Schürfen und dergl. bauwürdige Fossilien zu finden, und durch weitere Versucharbeiten nähere Aufschlüsse über ihre Lagerstätten zu erhalten. Ohne jene Freiheit des Ab- und Zuzugs, wäre aber ein solches Wandern unmöglich gewesen, und bei dem Unbestimmten des Arbeitbehaltens an einem Ort, wo man sie gefunden, konnte Niemand sich dar-

*) Recht umständlich spricht sich darüber das Reichensteiner Bergprivilegium Herzog Heinrich d. a. von Münsterberg. Heinze a. a. O. S. 59. v. J. 1491 aus.

auf einlassen, wenn er irgend wo Bergbau unternahm, sich wie Bürger und Ackerbauer an den Boden zu fesseln.

Die Allgemeinheit der ebenberührten Befreiung in fast allen bergbautreibenden Ländern, und in einer Reihe von Jahrhunderten, zeigt: wie man anerkannte, daß der Bergmann grade da das Vorzüglichste leistet und dem Staat am festesten anhängt, wo man das Kosmopolitische in dem Wesen seines Gewerbes am richtigsten würdigt.

4. Befreiung von Kriegsdiensten. Daß die Bergleute stets zur Vertheidigung des Vaterlandes bereit gewesen, und tapfer dafür kämpften, lehrt die Geschichte fast aller deutschen Länder, worin Bergbau blühte. Ueberall jedoch, wo in Kriegen der Bergleute gedacht ist, treten sie nur als Freiwillige oder in Folge des Heerbanns (Landsturm) stets in eigen bestehender Schaar auf. — Ein Beispiel solcher Art, sind die tyroler Bergleute, welche sich in den Kriegen des Hauses Oesterreich gegen die Schweizer „der fröudigsten Erztknappen aus Etschland, genannt der „stächlin Haupt;" auszeichneten, durch ihre Gewandheit in den Kriegsübungen die Bewundrung der spanischen Kriegsleute in Kaiser Maximilians Gefolge erwarben, bei dem Landsturm in Wallis aber von den Eidgenossen geschlagen wurden *).

Ein nicht minder glänzendes Beispiel bieten die Schlesischen Bergleute dar, welche 1241 bei Wahlstatt fielen.

Dies lag in der Form des alten Heerbanns, und entsprach auch ganz dem Verhältniß.

Nur wer das Kriegswesen aus einem sehr untergeordneten Standpunkt ansieht, mag es tadeln, daß unsere Vorfahren die Bergleute von Zwangskriegsdiensten frei ließen, so lange nicht das Volk in Masse aufgerufen ward, und

*) S. v. Sparges Tyrolische Bergwerksgeschichte. Wien 1765. S. 245.

wirkliche Gefahr des Vaterlandes es nothwendig machte, seiner Erhaltung jedes Opfer zu bringen.

5. Freiheit von Steuer und Geschoß, Zoll und Mauth. Diese Befreiung scheint sich nirgends auf den Besitz gemeiner steuerbarer Ländereien bezogen zu haben, vielmehr sind diese oft ausdrücklich als nicht befreites Eigenthum benannt. —

Die Freiheit der Bergleute von Abgaben, lief also eigentlich darauf hinaus: daß sie keine persönlichen Steuern (Kopfgelder u. dergl.) erlegten, ihre Lebensbedürfnisse nicht besonders verzollen durften, und zu außerordentlichen Leistungen nicht angezogen wurden.

Die Beachtung des kärglichen Lohns für eine fast von steter Gefahr begleitete, den Körper zeitig zerstörende, mühsame Arbeit; die Nothwendigkeit, bei dem Bergvolk Liebe für sein Gewerbe zu bewahren, ohne Geldmittel dazu zu verwenden; das Bedürfniß: Ausländer in das Land zu ziehen, um durch sie den Bergbau anzuregen, — dies waren die Quellen einer Befreiung, welche, ohne das übrige Volk zu belästigen, dem Bergwesen tüchtige Arbeiter verschaffte.

Städte, welche nur von Bergbautreibenden bewohnt — wirkliche Bergstädte waren oder seyn sollten, genossen in Bezug auf diesen Umstand allerdings Abgabenfreiheit; da jedoch nicht alle Einwohner derselben in jene Categorie gehörten, so ward denen, welche nicht Bergbau trieben, der Mitgenuß solcher Immunitäten nicht gestattet, wie dies namentlich wegen Tarnowitz, Reichenstein, Silberberg und Zuckmantel in dem Landesconclusum der Schlesischen Fürsten und Stände d. d. Breslau, den 30sten Mai 1637 ausgesprochen, und in welchem Sinn auch in dem schon oben erwähnten Regierungs-Rescript d. d. Jägerndorf, den 22. October 1620 festgesetzt ist: daß Adliche, welche sich zu Tarnowitz, ohne an dem Bergbau Theil zu nehmen, aufhielten, binnen 6 Wochen von da wegziehen, oder jährlich 30 Gulden beisteuern mußten.

6. Befreiung von Robothen. Die Freiheit ist zu allen Zeiten des Bergmanns Stolz und Ehre gewesen. Die weisesten Fürsten haben dies erkannt, und wenn auch die Befreiung von Robothen, den Bergleuten schon zu den Zeiten der römischen Kaiser, in Bezug auf solche Dienste, welche andere Unterthanen dem Staat mit Handarbeit und Gespann leisteten, zu Statten kam, so ist doch die Fortpflanzung dieser Befreiung in allen Ländern, durch das ganze Mittelalter bis in die neusten Zeiten, ein deutlicher Beweis: daß man sich überall überzeugte, wie unangemessen es sey, freien Leuten einen Zwang aufzulegen, welcher da, wo er nicht aus der Uebertragung von Grundeigenthum als Bedingung hervorgegangen ist, als eine Art von Sclaverei — mehr oder weniger verlarvt — sich darstellt.

7. Freie Huthung. Das Bergvolk übte innerhalb des bergfreien Reviers mit seinem Vieh freie Huthung, und in dem dritten Capitel der Böhmischen Bergordnung König Wenzels von 1280., wird ausdrücklich diese freie Trift, auf so viel Raum um die Fundgrube her bestimmt, „als fernt man mit einem Bogen schießen kann."

8. Gewerbefreiheit. In meist abgelegen, oft völlig wüste Gegenden, mußten die Unternehmer von Bergwerken in der Regel ziehen, um dort erst Gewerbthätigkeit, Cultur und Aufblühen geselliger Verhältnisse zu wecken. Hätte man sie von dem eignen Treiben der Gewerbe abhalten, und die Fesseln von Zunftzwang, Bann, Rechten und dgl. ihnen anlegen wollen, so wäre ihre Existenz in solchen unwirthbaren Gegenden unmöglich gemacht worden, auch wäre, bei dem unsichern und geringen Verdienst, das Ankaufen leicht selbst zu fertigender Fabricate für sie zu kostspielig gewesen, um dabei bestehen zu können.

Besonders wichtig waren für die Bergleute, Mahl- Back- Schenk- und Schlacht-Freiheit, welche sie dann auch überall genossen, desgleichen der sogenannte Salzschank. — In Tarnowitz ward die Ausübung und der Umfang des Genusses dieser Rechte, unter den Gewerken, nach Maaßgabe ihres größern oder geringern Antheils an dem Bergbau, geregelt, und durch die Obrigkeit vertheilt; welches auch an andern Orten ohnstreitig der Fall war.

Den 22sten October 1620 verordnete die Regierung zu Jägerndorf, daß jeder Tarnowitzer Bürger nachweisen müsse, daß er jährlich wenigstens 50 Gulden auf den Bergbau wende, wenn er das Bürgerrecht genießen wolle. Den 16. Januar 1646 ließ der Bergmeister Menzick zu Tarnowitz die Gewerken (d. h. die Bürger) daselbst zusammenkommen, trug ihnen vor: daß ihrer manche, ohne Bergbau zu treiben, Handel und Gewerbe trieben. Man beschloß deshalb, die Branntweinbrenner zu revidiren, den nicht Bergbautreibenden die Blasen wegzunehmen, und andere bürgerliche Gewerbetreibende, welche nicht an dem Bergbau Theil nehmen, wenn sie ihr Gewerbe (namentlich Bierbrauen, Weinschenken, Handlung) fortsetzten um 5 Mark Goldes zu strafen. Es ward zugleich festgesetzt, daß wer Wein schenke, ein Achtel; wer Branntwein brenne, für jede Blase ein Achtel; wer Bier braue ein halb Achtel; wer mit Salz und Eisen handle ein Achtel mindestens bauen müsse*).

In §. 3. der Confirmation des Tarnowitzer Stadtprivilegii, von Kaiser Leopold I. d. d. Wien, den 5ten November 1664 wird der Stadt Tarnowitz das ordentliche Treiben des Bergwerks bei 50 Mark Silbers Strafe, eingeschärft.

---

*) Abt a. a. O.

9. Befreiung von Zehnten. Freijahre *), in denen kein Zehnt entrichtet werden durfte, munterten den Bergbau auf; in welcher Art die Rudolphschen Berggesetze solche bestimmten, ist oben erwähnt. Einzelne Bergordnungen setzten sie auf verschiedene Weise fest.

10. Moratorium. Daß anziehende Bergleute, wenigstes eine Zeit lang, älterer Schulden wegen nicht belangt werden konnten, in den Bergstädten also ein Asyl vor ihren Gläubigern fanden, zeigt: wie schwer es hielt, Bergleute anzulocken. Diese Art von Vergünstigung war übrigens zu einer Zeit, wo jeder Gerichtsherr sich befugt glaubte, seinen Insassen beliebig Indulte zu gewähren, und wo jedermann an schlechte Justizpflege gewöhnt war, nichts Auffallendes. Ein Beispiel besonderer Art, wo das Moratorium — wo nicht gar novae Tabulae — als Belohnung für das Aufnehmen einer Grube ertheilt wird, ist in der Bergordnung Herzog Albrecht des Zweiten zu Oesterreich für die Steyermark (von 1336) enthalten:

„Auch wer auf einen neuen Pav kommt, der soll Freiung
„haben um Geld Schuld und andere Feindschaft, doch
„dasz er sich hut vor seinen Feindt **)."

In Reichenstein fand nach dem Privilegium Herzog Heinrich d. a. v. 1491 ein vierjähriges Moratorium für Alle statt, welche sich dort ansiedelten ***).

11. Freies Grubenholz. Grundbesitzer, auf deren Territorium Gewerkschaften Bergwerke besaßen, mußten nothwendig sich entschließen, solche Gewerkschaften mit Hülfsmitteln für den Betrieb zu unterstützen, welche ohne ihre Dazwischenkunft nicht zu erlangen oder zu kostbar wa-

---

*) (Z. B. bei Reichenstein zwei Jahr von dem Moment des Erzgewinnens an) Heinze a. a. O. S. 61.

**) (S. v. Sparges a. a. O. S. 285.)

***) Heinze a. a. O. S. 60.

ren. Dahin gehörte nun ganz vorzüglich, das so unentbehrliche Grubenholz. Gegen die schon mehr gedachten Erb= und Frei=Kuxe, gaben die Grundherrn, wenn auch oft nicht gern, das nöthige Grubenholz an die Gewerkschaft ohne besondere Bezahlung her *). So wurde es möglich, den Grubenbau ordentlich zu betreiben, und wenn er einerseits manchem Walde den Untergang bereitete, so verschaffte er zur Urbarmachung mancher Ackerfläche zu Ernährung neuer Anbauer dadurch Gelegenheit, und förderte ein Brennmittel zu Tage, welches jenen Holzverlust vergessen läßt.

Der Mangel an Waldung aber hemmte auch oft den Grubenbau, und das Mißverhältniß des Werths der Erbkuxe, gegen den des Holzes, wo es theuer war, machte, wie schon berührt, die Grundbesitzer oft dem Bergbau auf ihren Gütern abhold.

12. Eigne Knappschafts Büchse oder Lade, gebildet aus Beiträgen von dem Lohn der Bergleute (z. B, bei Reichenstein, 2 Heller von jedem Gulden Lohn **), gaben den Gewerkschaften ein inneres Band und dienten zur Unterhaltung der Geistlichen, Lehrer, zur Unterstützung der Kranken und Bergfertigen, unter eigner Verwaltung der Berggeschwornen.

Wie viel diese bergstädtische Verfassung dazu beigetragen, den Bergbau in Schlesien während der Stürme des

---

*) In der obenangeführten Bergordnung für Steyermark von 1336. heißt es:

„Auch wo ein Perkwerch gefunden wird, in unsern Landen „in einem Holz, da soll man ohne alle Irrung Holz ne= „men, so vil man dazu bedarf, siben Klafter um sich, zu „allen vier Orten um den Pau, dan allein zu Kol nicht."

**) Heinze a. a. O. hat S. 62. das Privilegium der Herzoge Joachim, Hans Heinrich und Carl von Münsterberg für die Reichensteiner Knappschafts=Casse v. 1562. abgedruckt.

dreißigjährigen Krieges zu erhalten, läßt sich zwar nicht im Einzelnen nachweisen; doch ist im Allgemeinen an diesem günstigen Einfluß auf keine Weise zu zweifeln.

§. 33. Resultate.

Faßt man alle vorstehend gesammelten geschichtlichen Data zusammen, so dürften sich daraus folgende Resultate ziehen lassen:

1. Das Bergregalitätsrecht der Schlesischen Landesherrn, stammt aus den ältesten Zeiten her, als Folge des slavisch-polnischen alten Staatswesens, wonach alle Eigenthumsrechte ursprünglich bei den Regenten waren.

2. Jede Familientheilung Schlesiens in einzelne Fürstenthümer, erfolgte mit vollständiger Uebertragung aller Landeshoheitsrechte über die einzelnen Theile, also auch des Bergregals, an die nun abgetheilten Herzoge.

3. Die Lehnsübertragung an Böhmen änderte in den Landeshoheitsrechten der piastischen Herzoge nichts, folglich blieb auch diesen, bis zu ihrem Aussterben, in ihren Fürstenthümern, die Bergregalität.

4. Ob späterhin, nach dem Anfall einzelner Fürstenthümer an die Krone Böhmen, wenn sie diese von Neuem zu Lehn gab, der neubeliehene Fürst auch das Bergregalitätsrecht ganz oder theilweise mit erwarb, bestimmte nur der Lehnbrief.

5. Jeder Schlesische Piastische Fürst war berechtigt, Domainen- und Regalitätsrechte seines Fürstenthums auf jede beliebige Art zu veräußern. Von neubeliehenen Schlesischen Fürsten, kann dies nur unter oberlehnsherrlicher Genehmigung geschehen.

6. Kraft dieses Rechts sind Territorialtheile von Fürstenthümern — Herrschaften, Güter — mit vollen (also auch den Bergwerks-) Regalitätsrechten cum omni Jure ducali — abgezweigt veräußert worden, welche nur darum

nicht neue Fürstenthümer bildeten, weil der Erwerber nicht von fürstlicher Geburt war.

7. Eben so sind aber auch einzelne Güter und Herrschaften, von den Fürsten an Privatleute zu Lehns- und zu freiem Eigenthum, ohne jene vollen fürstlichen Regalien gediehen. Diese besitzen nur so viel Regalien, als ihnen ihr Lehns- oder anderer Erwerbsbrief überweißt, und ist unter diesen das Bergregale nicht benannt, so ist es dem Landesherrn (Dux) noch vorbehalten; welcher Vorbehalt demnach durchaus zu präsumiren ist.

8. Was als Gegenstand des Bergregalitätsrechts anzusehen; muß nach den, in verschiedenen Zeitaltern und Gegenden, sich verschieden gestalteten Observanzen nnd Bergordnungen beurtheilt, in zweifelhaften Fällen aber, von dem Sachsenrecht und dem deutschen Lehnrecht hierbei ausgegangen werden.

9. Die Berggerichtsbarkeit (Voigtei über die Bergwerke) war von dem Bergregalitätsrecht verschieden, und gebührte dem Gerichtsherrn des Grundes und Bodens, auf welchem sich das Bergwerk befand.

10. Da, wer eine Gerichtsbarkeit übte, für ihren Sprengel in jenen Zeiten auch Statuten machte, so entstanden auch Bergordnungen von bloßen Privat-Berg-Gerichtsherrn, welche kein Bergregalitätsrecht besaßen; neben diesen aber gleichzeitig landesfürstliche, welche die Oerter, für welche jene nicht vorhanden waren, angingen und zugleich ein Jus subsidiarum bildeten.

11. Als Grundlage aller dieser Bergordnungen, so wie als Grundlage der Bergwerks-Einrichtungen und Verfassungen, dienten die Muster derjenigen Länder, aus denen vorzüglich Bergleute nach Schlesien einwanderten. Tyrol, Böhmen, Ungarn, Franken, Sachsen.

12. In diese Länder hatten sich altrömische Bergwerks-Gesetze und Einrichtungen hinüber gepflanzt. Aus ihnen

wurden sie, wenn gleich verändert, nach Schlesien gebracht, und finden sich in Knappschaftlichen und Gewerken-Corporationen, Bergstädten, Zehntwesen und Gesetzen über den Betrieb und Abbau, mehr oder minder deutlich, durchgehends aber so wieder, daß man auch hier in dem Bergvolk eine große weltbürgerliche Gesellschaft erkennt, welche durch ihren Beruf und ihre Eigenthümlichkeiten eins der Bindungsmittel darstellte, durch welche sich Völker und Zeiträume organisch verknüpfen.

Beilage A.

Ordnung des Bergwerges Czugkmantel.

Wir Jacobus von Gottes genadenn Bischoff zu Breslaw ꝛc. thuen khundt ꝛc. demnach wir aus anezeigene der Gewerkenn vff vnserm Bergwerg Czugkmantel vnnd sunst inn erfarung khommen, wie vff solchen Bergwerg eczliche gebrechenn, schelniß, mißbrauch vnnd vnordnung wehren, dadurch denselbenn Bergwergenn vnschiglich vorgestandenn, vnnd vns zusambt den gewergkenn zw Abbruch vnnd nochtail unschleunnig vnnd nachleßig gefordert, vnnd getriebenn werdenn. derhalben damit solchen gebrechenn vnnd mangel abgeholfen, sein wir verursacht mit guten rathe der Bergverständigen inn solche gebrechenn zu sehen, vnnd darinne eine richtige ordnung vnnd Aussatz zumachen und aufzurichten, immaßen wie hernachuolgett.

Erstlich, das die Bezalung allerley Arbtern aus der orberey durch dort zu verordneten, alle acht aber vffs lengest viertzehen Tage, ohn allen fernernn Vortzug hinführo geschehen soll. Und damit dermaßen Bezahlung in solcheer Gestallt allewege stattlich geschen, so soll nach Bergwerksgewohnheit vff vnnsern Bergwergenn vffn Cugkemantel das

Dotardat vffgericht vnnd gehalten werden, also, wann Jr kein gewerk seine gebürliche Zwbaues inn vier Wochen zu legen seumigk wurde das als dann desselbigen Taill der gegewerkschaft on alle mittel vorfallen sein sollen.

Ferner soll vnser orberer alle viertzehen Tage alle Zechenn befarren vnnd mit vlais besichtigen vnnd dermaßen seinem Ampt vnnd Pfflichten Folge vnnd genüge thuenn, damit gemeiner Nutz geschafft vnnd schaden verhütt werde.

Dergleichen daß auch ein jeder Huittmann seine Schicht verfarre wie recht ist, vnnd vor der Lösung nicht abstehe.

Derneben wenn die Golwäscher waschen, daß er seinem Eide vnnd Pfflicht noch vom der wäsche nicht abweiche, vnndt das entpffangen Goldt von stund an im die Orberey vberantwurtte. Dergleichen daß kein Huitmann einenn ledigenn mann an seine Stelle on große wichtige vrsachen verordne bey Absetzung seines Ampts vnnd großer Straffe.

Item sollen alle die Arbeiter, Hewer, Fueller, Traker, Seilwarter, vnnd andere von Jren Schüchten vnnd Arbeit vor rechter Zeit nicht abgehen bey Verlust vnnd Abbrechung desselbigen vortagtten Schichtlones.

Item es soll kein czechen Pfferdtt one wissen vnnd Zeulaß des obirreiters vonn czechenn weggenommen werden, Es wher dann Sache, das dardurch der gewerken nutz geschaft wurde.

Item es sol auch forderlich hinnführo kein müssiger vnnd gutter Monttagk innbert gehalten, sunder Jdermann doronn seiner Arbeitt wie inn andern Arbeitt Tagenn pflegenn vnnd treulich volfaren.

Dieser abgeschriebener Ordnung vnd Aussatz stattlich vnnd vnvorbrüchlich noch zwhaldenn, habenn Wir mit Wissenschaft aller Gewerkenn, den Erbaren vnnsern lieben Getreuen Mathes Sauermann zw einem Oberrewter vnnserer Bergwerg Czuckmantell vorordnet, vnnd gesezt, mit zewgestellter macht vnnd gewaldtt vleissig einsehen, vnnd vffschauenn zewhaben, damit solche vnnsere Ordenung vonn männiglich gehaldenn vnnd sich gegen denjenigen sie sein Huitleuthe oder andere so dawider handeltten oder dorinne säumig würdenn mit Absetzung vnnd anderer Zewtadt vnnd Strafe zewertzaigen. Gescheen vffim Czuckmantel am Mitwoch nach Himmelfart Marie nah Christi geburtt Tausent fünff Hundertt im neun vnnd zwanzigsten Jarenn.

Beilage B.

Gmayne Bergorenung off Freywalda.

Wir Jacobus ꝛc von Gotis Gnadenn Beschoff zw Breßlaw ꝛc. Bekennenn ꝛc. demnoch sich auff vnnseren vnnd vnnser Kirchenn Gründenn vnnd gepirgenn bey vnnd zu Freywalda ein wichtig nutzlich Bergwerg auf Goldt vnnd ander metall zeyget vnndt entzeiget: darinne dann Gangkhaftig trostlich vnnd gewinnmeßigk ertzt befunden. Vnnd durch Gnad vnnd Huelff des almechtigen Gotis, vnnd ordentliche Erbawung vnnd tzutath, ferner: als wol augensichtigk trostlicher vnnd besser sich erzaigen, vnnd befinden würd, forderlich wo noch Bericht vnnd angeben der zwfallenden Gewerkern so solch Bergwerk täglich ersuchen, eine Freyheit vnnd Bergordnung darüber verliehenn vnnd ausgehen würd, wie vnnd mit was Gerechtigkeit vnnd Ordnung daßelb sold gehaldenn werden. Domitt sie vnd andere mit größerin Willen, vnnd Lust darauff zepauen sich unterstündenn vnnd einliessen.

Derhalbenn Wir aus wohlgehabtenn zeitigen Rate vnnd erwegung: dobey erforschung denen so solcher Bergkhändel kundig vnnd verständigt zw gediegk vnnd Aufnehmen desselben Bergwergs dobey auch vnserer Land und Leuten ein frey Bergwerk auf Freyenwalda sampt seiner Gerechtigkeit Zugehoer vnndt Bergfreiheitt allen vnnd jetzlichen ein vnnd Ausländern auskündigen, verleihen, und geben aus fürstlicher macht, vnnd inn kraft. Ditz vnserem Briues innmaßen wie hiermachuolgt.

Erstlich daß die Gewerken macht haben sollen einen Bergkmeister und Geschworn, welche ihm gefellig, vnnd zu welchem Ampt tuglich seyn möchten, zu kiessen vnnd zwvoändern: so oft es die notdurft erfordert. Welche alleweg, vonn vns sollen bestättigt vnnd verpflicht werden. Dem Bergwerk vnnd allenn gewerkenn zu gutt wie sichs gebürtt.

Es soll vornemlich der Bergkmeister recht haben die Muttung vnd Lehen auf allerley Metall sampt Hütten mühle vnd was zum Bergwerk gehoert vnd frey befunden: zu verleihen. vnnd beyneben den Geschwornen allerley Berg Sachen zerichten, doch daß jedermann der Zugk, vmb sein frey Geld, um Joachimsthall frey sey, vnnd sich sonnst allenthalben darinne zu halden, wie auf vnnserem Bergwerg Czuckenmantel und Joachimsthal der Geprauch und recht ist. Also nehmlich, daß ein jede fund grube im harten Bergwerg haben soll, dem Gange nah zwey vnnd vierzig Lachtern. Dobey auch sammt allenn andern lehen zu acht vnnd zwanzig Lachternn inn ewige teuff. Inn hangendes und liegendes sieben lochternn. Erbstellen vnnd suchstellen sollen nach gewohnheit des Bergwergs Joachimsthal ausgemessen werden, besondernn das vorleihenn der weichen Bergwerg bleibt bey weniger Ordnung vnnd geprauch.

Wir begeben vnndt begnaden alle die itzigenn vnnd künftigen Gewerken dieß Bergwerks: wenn ja keine Zech aber Grube gewinhaftig würde, daß sie als dann nämlich im harten Bergwerg ein gantz iar langk: des zehendes von allerley ertzt vnnd Metall frey seyn, sond er allererst nach Ausgangk desselben Jares vns vnnd unsern nachkommen Bischoffen die zehende Marg feyn außberaitt, an alle unsern

sern Hütten Kost vnnd Darlog, inn vnsere Fuerstliche Kammer zugeben verpflicht sein söllenn vnnd mit irer vbermaß macht habenn zuthuenn vnnd zulassenn, vnnd iren besten nutz vnnd fromen Ires gefallens domitt zuschaffen.

Was aber die waichen Bergwerg anlangt, domit bleib es bey der ordnung vnnd gebrauch so auf vnserem Bergwerg Czugkkemantel gehalden wirt, nehmlich: Wenn das Waschen des fündigenn Goldes angeht ein ganz iar freyhait. So aber in solcher iartzeit die Arbeit mit schacht eingehn: aber dergleichen ein stekken gewinne darburch solch waschenn vorhindert würde, soll es an dieser Zeit der Freyheit nicht abgerechnet werden. Besonder wo wir aber vnnsere nachkommen: solcher metall: es wäre Gold, Silber ader anders sandesfeiste, vnns inn vnnsere kammer zuverkauffenn begertenn, sollnn sie vnns: als einem im harten aber weichen Bergwerk, Gruntherrn desselb: inn dem kauffe: als es vnns auff vnnserm Bergwerg auffem Czugkkemanthel zulassen der gebrauch ist, oder noch der wird, als es mehr aber minder, solchem grad auffen Czugkkmantel noch austragen würd, zuuolgen lassen, ane Wegerung verflicht sein; Doch wo Jr kein Gewergk soll Metall an Gold aber Silber zu kleinotten: aber dergleichen sonderlichen Hausnothdorften bedürfende wehr, das Ihm dasselb gestattet werden solle. Ferner mögen auch alle vnnd iede Gewergkenn inn vnnsern Waldenn vnnd gepirgen frey Holtz zw allerley Bergwergs notdurfftenn als rüstholtz vnnd Bauholtz zw heusern, hüttenn, stellen, schechtenn, möhlen, Buchwergenn: vnnd anderen: allein Kohlholtz ausgetzogen: frey zugebrauchenn habenn, doch dieser gestalt, daß es vnnser verordneter Waldfuerster zuzuor einem iedem: nach seiner notdurft antzeigenn, vnnd anweisen sölle. Item es mögen auch die Gewergke alle die schlagkenn haldenn vnnd tzegell, so sie aus irem ertzte machenn: zw irem nutz vnnd Notdorfft zugeprauchen Macht habenn, doch vnnsers zehenden aber zwelfftenn ane schadenn.

Wir geben auch zw inn allen vnnseren Landenn Gepirgenn vnnd gepieltenn: iederein frey zu scherfenn vnnd zu suchenn. Es sey in vhesten oder waichen Bergwerg, in alden schlechten aber an versatzten ertzten. vnnd dasselb von dem Bergkmeister: woe es frey befunden, inn die Lehen mit gepüerlicher moße zunehmen, vnuorhindertt.

Es soll auch durch den Bergkmeister vnd Geschwornen eine Khol maße zu jedermans notdurfft eingesetzt vnnd gereicht werden.

Es sollenn auch alle vnnd ietzliche: jetzige vnnd zukünftige Gewerkenn auf vnnserm Bergwerg frey wohnen vnnd sitzenn: an alle Beschwerung: es sey denn das einer zinnshaftige Güetter hett, der soll es domitte haldenn noch alder gewonhait. Auch sollenn vnnd megen alle die so sich alldo mit Bergwergs erbawung hewslichen, wesenlich niederthuen, allerley Hantwerg treiben: Brewen: schlachten: schengken, Backen: Kawfen: vnnd verkawfen: allerley Speise: Getrangk: Specerey: Saltz, eysen, Getrayde: gewant: vnnd alle andere notdurfft, nichts ausgenohmen, zufuhrenn vnnd zubrengen. Dobey Wein, Bier, Meth, Rondt, ander Getrengk schengkenn, an alle Mautt: Zinnse vnnd Angeldt sampt andern ehnlichen Sachen vnndt gewerb: allenthalben zu erhaltunk des Bergwergs: desgleichen sol es mit den ausländischen auch gehalden werden, so diesem Bergwerg zuführen. Auch soll ein itzlicher gewergk frey habenn: seine Thail, Hütten: Hewser: oder was der hott inn Bergwerg oder sonnst erworbenn: zuuorkauffenn: zuuorsetzen, zuuorgeben: zuuorschaffenn: beym lebenn aber am Tode-bette Frewnden vnnd Fremden: woe es ihme hingestellt, vnnd damitt frey thuen, vnnd lassenn: als mit seinen erbgutt an alle Beschwerung; Woe aber jemandes Todes halben abeginge: her aber sie yr Gut vnuorschafft aber vnuorgeben liessenn: dasselbige soll an die nehste mageschaft ader Freundschafft sterbenn vnd fallenn, vor vnns vnnd vnnser nochkommen, vnvorhindert.

Es söllen auch alle Gewerkenn vnnd Berglewt: frey seyn, aller Herzüge: geschos=Steuer, vnnd neuer vffsatzung: wie die Namen haben aber gewinnen ausgenohmen: Wo Jemands im Lande mit raup Brandt: aber andere Beschwerung eingriffe sollen sie neben andere Hülff vnnd Beystand thuen: Jr selbst leib vnnd Gunt helfen retten: Item woe iemandt auf ditz vnnser Bergwerg kommen wird, der anders woe vnnd nicht auf diesem Bergwerg Schuldt gemacht hett, vnnd wird ditz Bergwerg bauen, derselbe soll von der Zeit, so er von seinen Glauwigernn vor vns vnnd vnser Amptlewte derwegen furpracht, drey iare Frist habenn, vnnd mitteler Zeit mit seinem Glaubigernn vortragenn, aber noch Ausgangk solcher dreyer Jare, sich weiter vorsehen; wie er weis.

Woe aber jemands auf diesem Bergwerg Geldschuld machen würde: tzu dem soll noch Bergwergsrecht vnnd gebrauch verholffen werden. Es soll auch auf gemeldtem vnserm Bergwerg die ganze Freyheit vnnd Ordnung: die im Joachimsthall ausgegangen ist, in allen Stücken Punkten vnnd Artikeln, welche dieser gegebenen Freyheit nicht entkegen: gehalden werden: dadurch einem ausländischen: als einem einwohner nichts anders, dann noch Joachims Thalers ordnung wiederfahren soll. Demnoch zu merer erhaltung Lieb, Fried vnnd einigkait zwüschen den Bergleuten: Arbeitern: Haspelernn vnnd allen andern: nymands ausgenommen; so sollenn vnnd mögen die gewergken noch Erkenntniß vnnd Jren gutdüngkenn: noch Gelegenheit der Stell vnnd Zeit: Macht haben: statutenn vnnd Ordnung (jedoch mit vnnserem fhernern zulassen) zu setzen, vnndt selben: zw irem vnnd des gemeinen Bergwergs Nutzen vnd frommen, so oft es die noth heischete vnnd erfordert. So sich aber solche Bergwerg auf vnnseren Grunden erhüebenn, vnnd also die Notdurft vnnd aufnehmen des Bergwergs erfordern würd: daß den Gewerken ein Platz ader fleck: darauff hewser zu pauen, gelegen, gefällig, wollen wir als denn demselben genügsam raum vnnd weite zu einer freyen Bergstätt, wo sich thuen lassenn, vnns vnnd dem Bergwerg leidlich seyn will, mit aller nothdurfft vorleihen, vnd ein Gemein soll Bräwhewser: Meltzhewser, fleischpengk, Badestuben vnnd anderen Gemeinen Nutz aufzurichten, vnnd zugeprauchen, Kalgk vnnd Zegelschewn: wo nicht solches auf unseren Gründen, gelegen, zu irer notdurfft zulassen vnnd zunehmen macht habenn. Bey aller solcher Freyheit Begnadung vnndt Bergrechten, globen vnndt versprechen wir: alle diejenige Gewerkenn vnnd Bergleut, itzund vnnd inn künftigen zuitenn zulassen, zuhaldenn, zuhanthaben, zuschützen vnnd schirmen, one Geuerd. Doch sunst vnns, vnserenn nahkommen Bischouen: an Vnnser Füerstlichen Herschaft: Freyheiten: recht vnnd Gerechtigkeiten vnvorfenglich vnnd vngeferlich: des zw Vrkundt habenn wir Vnnser Innsiegel an diesen Brieff hengen lassen. Gescheen vnnd geben zw Breßlaw am Freytag noch Sanct Lucie nach Christi geburt tausend fünff hundert im newn vnnd zwaintzigisten Jare.

Beilage C.

Pergkhordnung vnnd Freyheit der Bergkwerge im Zuckenmantel.

Wir Jacobus von Gottes Genaden Bischoff zu Breßlau 2c. bekhenen 2c. demnach im vnnd bey vnnserer Bergwerge aufm Zuckmantell, in Vorgangenen Jahren bis hier mancherley Irrthumb unordnung vnd vnschicklichkeit beyge fallenn, daraus solch Pergwerg zum teil in einen Abgang kommen, vnnd die Lewte von erpauen desselben abgewandt wurden. Derohalben wir uff der gemeinen Gewerkenn des gemelten Pergwergs mannigfaltige hohe bitt, vnnd zu erhebung, vffnehmen vnnd Gedei solches pergwergs: aus wohl vorgehabten zeitigen Rate, vnnd Erforschung deren so solcher perghendel khundig vnnd vorstendig alle vnnd jede gewerkenn des Pergkhwerchs Zuckenmantel sammt iren Erben, vnnd nachkommen, aus sonderm gnedigen Willen, mit sonderlicher Pergfreyheit, ordenung vnnd vortheilen vor vns vnd vnnser nachkommen, versehenn begnadet, vnd befreyet haben, wie wir sie denn auch aus Fürstlicher Macht, versehene begnaden, vnd befreyen in kraft dieses vnnsern Brieses, in maßen wie hernachfolget.

Erstlich, daß die Gewerkhen macht haben sollen, etzlich tugliche personen zu Pergmeistern und geschwornen solchs Pergwerks so offt is vonnotten auszulesen, vnd vnns vnnd vnnsern nachkommen Bischouen vorzuschlagen, aus denen wir vnd vnnsere nackomen, So Sy vns vnnd Jnen gefällig die tuglichsten zu solchen Emptern kiesen vnd ordnen, vnd mit Pflicht dazu bestättigen wollen.

Es soll vornemblich der Pergmeister recht haben, die Muttung vnd Lehnen vff allerley Metall, sambt Hütten, mülen, und was zum Pergwerk gehort, vnnd frey befunden, nach Pergkwerchs recht vnd ordnung, zu vorleihen, vnd beneben den geschwornen allerley Perksachen zurichten, doch das jedermann der Zuck in vnnser Fürstliche Kammer umb sein Freygeld frey sey, werden wir, aber vnser Nachkommen woll wissen es nach Gelegenheit der Zeit und Sachen wo vonnotten zuhohlen lassen, domit meniglich keine Kürze, vnd vnrecht geschehe, und sich sunst allenthalben in solchen Pergwerks Lehenen, zu halden, wie im Joachimtahl der Gebrauch vnnd recht ist, also nämlich daß eine jede Findgrube im harrten Pergwerge haben soll dem gange nach zwo vnnd vierzig Klaftern, dabey auch samt allen andern

Lehen zu acht und zwanzig Lochtern in ewige Teuffe. In hangendes und liegendes sieben Lochtern. Item Erbstollen vnnd Suchstollen sollen nach Gewohnheit des Pergwerks Joachimsthall, ausgemessen werden. Insonderheit wo vnnd in wesstellen dieses Pergwergwasser notig wird, soll vnnd mag es wie vff andern Pergwergen mit stollen vnnd Künstenn gehalden werdenn, doch daß davon die gebrauchliche Geburt gereicht vnd gegeben. Wir begaben und begnaden alle und jede jetzige vnd konftige gewerkenn dieses Pergwerks, wenn in Ir keiner Zechen oder Grüebe, das ertzt erlangt, also doß ein Heuer sein len daran haben mag, dassie alsdann, nemblich im harten Pergwerge ein ganz Jahr lang des Zehents von allerley ertzt, vnd metall frey sein, sonder allererst nach Ausgang desselben Jares vns vnd vnsern Nachkommen die zehende Marg lot vnd quint, wie sich Austrage erfinden wird, vom festen fein ausbereitt, one alle unsere Hütten kost, vnd darloge, inn vnsere Fürstliche Kammer zugeben, vorpflicht seyn sollen, vnd mit Irer Uebermaß macht habenn, zuthun vnd zulaßen, vnd Iren besten nutz und fromen, damit zuschaffen.

Besonder, wo wir oder vnnser Nachkommen solcher metall, es wer Gold, Silber, oder anderes, in vnnser kammer zukaufenn begertten; sollen vnns vnd vnnser nachkommen solche metall folgen. In der wirde vnd kauffe, der do zur Zeit im Lande sein wirt, oder wie sie sich derwegen mit vns vnd vnnsern nachkommen, nach gewohnheit vnnd brauch ander Pergwerge in der Cron zu Behem werden vortragen vnd vergleichen mogenn.

Doch wo Ir kein gewerkh solch mettall an Gold oder Silber zu kleinoten, oder dergleichen sonderlichen Hausnotturft bedürffende were, so soll Ime dasselbe gestatt werden. Sonder was die waichen Pergwerge anreicht, soll is mit dem vorleihenn, auch Freyheit, Golt, kauff vnd andern bey voriger ordnung vnd Gebräuch wie vor alders vorbleibenn.

Woe aber Jnndert ein gewaschen Goldt im Grade mer oder minder hielte, dann das jetzige Goldt, das soll dem Grade vnd wirde nach gerechet und bezahlet werden.

Ferner mogen auch alle vnd jede Gewerken in vnnsern Wälden, vnd gebirgen frey Holz zu allerley Bergwerk notturft als Rüstholz, Pauholtz und Prunnholz och daneben Kohlholtz vier vnnd zwanzig Jar lang vnd nicht lennger zu heusern, Hütten, stollen, muelen, Puchwergen, vnd andernn, frey zugebrauchen haben, doch dieser Gestalt, daß es Vnser verordneter Waldtforster zuvor einem Jedenn nach seine notturft anzeigen vnnd ausweisenn solle.

Item es mogen auch die gewerkenn, alle die Slagken halden vnd Zegell, so sie aus Jrem ertzt machen, zu Jrem Nutz vnd Notturft zu gebrauchen macht haben, doch vnsern zehenden oder zwelften on Schaden.

Wir geben auch zue, in allen vnsern Landen Gebirgen vnd gebittenn; jedem frey zu schorpfen, vnd zu suchen es sey im veßten oder waichen Pergwerge, vnd in allden Schechten, vnd dasselb von dem Pergmeister, wo es frey befunden, inn die Lehenn mit gebürlicher mosse zenemen vnuerhinndert.

Es soll auch durch Perchmeister vnd zuegehörige geschworne ein recht ordentlich Pergmaße zu Ertzt, gehangen, Kies, Koll vnd Holtz vnd ander gebreuchlichen Notturfft des Pergwergs stetes in rechter eichte, geordnet vnd vorhalden werden, der sich ein jeder Gewerk vnd Pergleutte vorhaldenn vnd gebrauchen sollen, Vnd domit meniglich auch in demselben rechte vnd kein abpruch widerfaren solle.

Es sollen auch alle vnd jede jetzige vnd zukonftige gewerken vff vnnseren Pergwerge frey wonen vnd Sitzenn, on alle Beschwerung, Es sey dann das einer zinns haftige Güter hette, der soll es damit hallden nach allder Gewohnheit.

Auch sollen vnd mogen, alle die so sich alldo mit Perwerchs erbauung heuserlich niederthun allerley Handwerg treiben, preuen, Slachten, Schenken, packen, kaufen, vnd verkaufen, allerley Speise, Getränke, pier, Wein, vnnd Met, Specerei, Salz, Eisen, Getreid, gewannt, vnnd alle andern notturft, nichtes ausgenommen, zufüren vnd zubringen, on alle Mautt, Zinnse vnnd vngellt, sambt andern erlichen Sachen vnnd Gewerb allenthalben zu Erhaltung des Pergwergs. Es sollen auch alle Gewerke vffim Zuckmantel, sambt denen die dem Pergwerge zu gute handeln, frey haben in vnsern Stetenn, Derffern vnd Gebietten vff offentlichen Jarmarkten, vnd wochenmergken zu kaufen vnd zuzufüren, one alle Zoll vnd Beschwerung, dergleichen sollen und mögen auch die auslendischen Gewerken vnd Pergleuten, so diesem Pergwerch zu fromen vnd nutz pauen, handtiren vnnd zufüren, vnnd angezeigter Freyheit gebrauchen.

Auch soll ein jeglicher Gewerkh frey haben, sein Teil hüttenn, hewser, oder was der hat, im Pergwerge oder sonst erworben, zuerkauffen, zu versetzen, zuuergeben, beim leben oder todtbette, freunden vnd fremden, Woe es ihme hin gefellt, vnd domit frey thun vnd lassen, als mit seinem Erbgutt one alle Beschwerunge, woe aber Jemands todes halben abginge, er oder Sy Jr Gut vnuorschafft oder vnuorgebenn liesse, dasselb soll an die negste magschaft oder freundschaft sterben vnd fallenn vor vns vnd vnsern Nachkommen vngehindert.

Es sollen auch alle Gewerkhen vnd Perglewte frey seyn aller Herzüge, Geschoß, Steur vnd neuer Auffatzung, wie die Namen haben, oder gewinnen, Ausgenohmen. wo Jemandes im Lande mit Raub prant vnd ander Beschwerung eingriffe, sollen Sy neben andern Hilff vnd Beystand thun, vnnd Jr selbs leib vnd helffen retten.

Item wo Jemandes vff dieses vnser Pergwerg komen würde, der anders wo vnd nicht auf diesem Bergwerge schullt gemacht hatte, vnd würde d*s Pergwerchs pauen, derselb soll von der Zeit, so er von seinen Gläubigern vor vns oder vnsere Ambtlewtte derwegen vorbracht, oder beklagt, doch bescheidentlich vnd allein Schulthaben, vier Jar Frist haben, vnd sich in mittler Zeit mit seinen Gläubigern vortragen, aber nach Ausgang solcher Frist soll den Gläubigern zu denjenigen vfim Zuckmantell vnd mit anderswo des Rechtens gnüglich vorhelffen werdenn.

Wo aber sunst Jemandes vff disem Pergwerge Geltschult machen würde, zu dem soll allda selbst vnd nicht anderswo nach Pergwerksrecht vnnd gebrauch verholfen werdenn.

Es soll auch vff gemelltem Vnserm Pergwerge die ganze Ordnung, die im Joachimthal ausgegangen ist, in allen Stücken Pünkten vnd Artik vngeuerlich, vnd wie es dieser Landt vnd Pergwergs Art vnd Gelegenheit leiden mag, gehalden werden, doch den hier innbegriffenen Artikeln ohne nachtheil und Schaden, dadurch einem auslandischen als einem einwohner nichten anders, dann nach Joachimsthalers ordenung widerfaren soll.

Es sollen, und mogen zu jedezeit die gewerken macht haben zu erhaldung nuz vnd frommen des Pergwergs, mit iren arbeitern ziemliche ordnung vnd aussaz zu machen, vnd was also ferner in solchen fellen, zu irem gedei reichen möge, doch mit vnserm fernern zulassen, darinne wir Sy in allem zimblichen Bedenkhen vnd vorsehen wollen, damit vnser vnd der Pergwerkh vffnehmen desto stattlicher gedey haben möge.

So sich aber solche Pergwerke auf vnsern Gründen erhübenn, vnd also die notturft vnd vffnehmen des Pergwerks erfordern wirt daß den Gewerken ein plaz oder fleckh darauf heuser zubauen gelegen, gefellig, wollen wir alsdann denselben genügsam Raum vnnd weitte zu einer freyen Bergstatt, wo sichs thun lassen vns vnd dem Pergwerge leidlich seyn will mit aller notturft vorleihen samt alle deme, das eine freie Pergstat zu rechte hat.

Aber in vnser Stat Zuckmantell soll man sich des vorigen Gebrauchs des Statrechts in allem thuen vorhaldenn, auch alldoselbst, als in der obersten Bergstat desselben orts, alle zenckische Perghenndell der negst gelegenen Pergwerke samt dem Obergrund gerichtlich versprochen werden: es wäre denn sache, das Inndert ein Fall wehr, der anders wo zuholen, vnd was darinn recht zu erlernen, das wollen wir vns vnd vnserm Nachkomen, wie obgemelt vorbehalten habenn, sonder weil die gewerkenn beschwer habenn, des fleischmarkts vnd Protmarkts halben, So ordnen vnd setzen wir alldo selbst aus alle wochen einen freyen Fleischmarkt vnd Protmarkt vff Tage die Inen gelegen und gefellig, also das vff dieselbe bestimte tage in der wochen ein jeder einheimscher oder fremder frey allerley Fleisch vnd brott verkauffen mag.

Vnd sonderlich, weil bey und umb den Obergrund, die Hermstatt genannt, sich die alden auch neue Pergwerge tröstlich ereigen, so wollen wir zu notturft, ordnung vnd besten derselben Gewerkenn, alle vnd yede obgeschriebene Freyheiten ordnung vnd Begnadung auch auf denselben Flegken, vnnd die Pergwerk so darauf erbauet werden, aus sondern Gnaden erstragt vnd vbertragen haben, vnd daß auch daneben alle vnd jede Gewerkenn, die sich in demselben Obergrunde wesentlich niederlassen vff der selben stelle vnd den vmbliegenden Pergwergen sollen vnd mogen frey haben zu packhen, schlachten, wein pier met zu schenken vnd allerley Handtirung dem Pergwerg zu nutz zutreiben, on allen ungewonlichen vffsatz vnd beschwer.

Woe aber Jr kheiner Güter haben, oder halden wird die vor alders mit Zinnsen, oder andern Pflichtvorhaft, das soll bey alder pflicht vnd Statrechte verbleiben. Wo auch Kriegsleuffe oder andere not vorfiele, das die Statleute zum Zuckemantel vff sein müßen, die weil solchs den Pergleuten, gleich als den Stattleuten zu Befriedung vnd bestem gelangeth, so sollen Sy auch bei einander darinne treulich helfen vnd stehenn.

Bey aller solcher Freyheit, Begnadung vnd Pergrechtenn, geloben vnd versprechen wir alle diejenigen Gewerkhenn vnd Pergleutte jetzund vnd in konftigen Zeiten zulassen zu haldenn zu hanndhabenn schützen vnd schirmen one geferd, doch vns vnd vnnsern Nachkommen Bischouen vnd Kirchen zu Breßlaw, sonnst an vnser Fürstlichen Herschaft vnd allerley recht one Schaden, dabey behalten wir vns vnd vnnsern Nachkommen bevor Ap, wir oder sy in dieser Ordnung, weß befunden, daß dem Pergwerch erheblicher vnd besser och vns vnsern Land vnd leuten erspieslicher, das wir oder Sy dasselb zu allen Zeitten zu mindern vnd zu mehrn macht haben sollenn. Och hiemit besließ setzenn vnd wellen, daß solcher vnseren ordnung vnd freyheit von allen jetzigen oder zwkonftigen gewerkenn Inn- oder ausländischen bey onnachläßiger Straff vnd poenfall, allmal nach gestallt der Vorwirkung auf einen Jeden zelegen stent vesst vnd onverbrüchlich nachgelebt, vnd die Stattlich gehalden werden solle, one geuerd. Zu Vrkhunt ꝛc. Datum auf Vnnserm geschloß Othmuchaw am Donnerstag nach dem Aschtag in der heiligen Vaßten anno etc. MDXXXIII.

Beilage D.

Privilegium Bischoff Balthasars von Breslau für den Melchior Huscher, zum Bergbautreiben in den Bisthums-Landen, v. 1559.

Wir Balthasar vonn Gottesgnadenn Bischof zu Preßlaw Herr zur Pleß Sorau vnnd Tribul des Furstenthumbs Sagan Pfands Herr Obrister Hauptmann im Ober vnnd Nider Schlesien Bekenne, vnnd thue kundt Hiemit vor Idermenniglich. Nachdem Melchior Huscher vns vnttertheniglichen furbracht, wie Er Goltwaschswerg vnnd allerley Metal vnd Ertz nachtzusuchen vorhabens wer, vnnd dartzu die Hofnung gestelt hette, mit gottes Hülf weß tröstliches her furtzupringen, uns als den Regierenden Landsfürsten vnnd Erbherrn vmb gnedige Zulassung demutiges vleiß anlangende vnnd bittende, Welchs wir Jme aus sondern gnaden vnd naigung, die wir gegen disen so der gaben gottes sich getrösten vnnd derselben nachtzusuchen gedenken tragenn, zugelassen vorgunst vnnd gestattet habenn, Zulassen vnnd Gestatten Jme in vnd auf vnsern Freinwaldischen gepergen vnd Lande in allen orten vnnd Stellen, auf allerlei metal vnd Ertzte vngehindert zu schurffen eintzuschlahen seinem Pesten verstande nach derauf gedencken vnnd die arbeit anzustellen, Domit dermassen gaben gottes vns vnnd dem Vatterlande zugut herfur gepracht vnd zu nutz gemacht mochten werden, Vnnd do weß trostlichs vnnd nutzlichs gefunden vnd angetroffen Sol er vns dasselb zum fordersten antzeigen vnd Zuwissen thun Gebitten derhalben allen vnd Itzlichen Haupt vnnd amptleutten vntterthanen vnnd menniglich obberurten Melcher Huschern sampt seinen Zugethanen in disem Irem vorhaben vnnd Bergkarbeit nicht zuhindern oder zustören, sondern Sie viel mer in allen zimblichen vnd Pillichen sachen furdern. Dan wir Inen diß alles aus Furstlicher macht vnd gewalt wissentlich zugelassen, und in Craft diß vnsern Brifes vorgönnen vorstatten vnd bestestigen Jedoch vnsern gepergen Wassern Widpannen, auch vns vnsern nachkombenden Bischouen und Kirchen zu Preßlaw, an vnser obrigkeit Herschaft zehenden Zustant gepuer vnnd sonst allem rechten auch menniglichs gerechtikeit vnschedlichen alles getrewlich vnd vngeuerlich. Zu Urkund mit vnserm hierauf gedrugtem Fürstlichem Secret besigelt. Geben zur Neiß freitags nach Exaltationis Crucis Nach Christi gepuert 1559.

Berg-Freiheit Bischof Balthasars für Zuckmantel. v. 1559.

Wir Balthasar Bischof zu Preßlaw 2c. Bekennen und thun kunt hiemit vor Idermenniglichen Demnach wir eine bergkfreiheit vnnd ordnung auf vnser Berchwerg zum Zugkmantel aufgericht haben Das wir als der Landsfürst vorgunt vnnd zugelassen haben Melcher Huschern sich derselben ordnung vnd Pergfreiheit auch in vnserm freiwaldischen gepiete vnnd Lande zugepranchenn vnnd zuhglden, welche lauter von wordt zu wordt alßo velget.

In dem Namen gottes amen, Wir Balthasar von desselben gottes gnaden Bischof zu Preßlaw 2c. Bekennen hiemit diesem offenem brife vor Idermenniglich das wir augenscheinig sehen wie vnser vmbligende Pergwerch bey dem Zugkmantel So gar Nidergeschlagen vnnd in abfal kumben sein, auf welche gepierg vnd Pergwerch zuuor eine freiheit vnd ordnung ist geben, welche freiheit aus den vormelten Jaren kumben ist andem der frembde Pergman ein schew hat Derhalben wir auf der gemeinen gewergken hohe bitt auch der frembden Pergleut begerende einbegnadung neben der alten freiheit begnadenn, auf das die Itzigien vnnd nachkunftigien gewergkenn mit Pesser lust vnnd begier zu Pawen bewegt wurdenn, haben wir mit sonderlicher vorbetrachtung vnnd erfarung von denen, welche der Pergordnunge vnnd recht erfaren seint, mit guttem wolbetrachtem Radt vnnd freihem willen, den Itzigen vnnd nachkunftigen gewerkenn eine freiheit geben mit Craft diß brifes auf vnsere vmliegende vorgemelte gepierg vnnd Perchwerg vmb den Zugkemantel gelegen, welchs wir aus besonderm gnedigem willen mit sonderlicher Joachimbstaller ordnung vnnd vorteln, für vnns vnnd vnsere nachkumben, vorsehen begnadet vnnd befreihet habenn, wie wir sie dan auch aus fürstlicher macht vorsehen begnaden vnnd gefreihen neben der alten freiheit in Craft ditz vnsern brifes Inmassen wie hernach volget.

Erstlich nemben wir aus, das wir vnnd alle vnsere nachkumben macht haben ein Pergmeister zuuor ordnen welcher zu solchem ampt tuglich sein wurde so oft ies die beiliegende not des Pergwerchs erfordern wurde vnd diesem Perchwerg nutzlich wer, Welcher Pergmeister vns mit gelubden vorpunden sein soll vnnd sol von vns gewaldt habenn auf allen vnsern gepiergen vnnd Pergwerg zuuorleihenn auf alle Metal neben der Joachimbstaler ordnung.

Wir begabenn vnnd begnaden alle vnnd Jede Itzige vnnd kunftige gewergken, das sie vns den Zehenden von goldt Silber vnnd andere Metal auf den festen Pergwergenn nicht vorpflicht sein zu geben vier Jar lang alßo das sie mit Irem goldt Silber fri haben zuuorkauffen, wem oder wo sie wollen nach Irem gefallen, außrnomben auf den weichen Zechen vnnd goldseiffen, die sollen vns vnnd vnsere nachkumben das golt nach alter gewonheit Prauch vnnd gerechtikeit in vnsere Camer geantwortet vnnd vorkauft werden, vnnd nach ausgang solcher Vier Jar das goldt Silber andere Metal, welche auf den vorgemelten gepirgen vnd Pergwerch gemacht wurden, das sol vns vnnd vnsere nachkumben in vnsero Camer geantworttet werdenn, Ein margk feines goldes neben der goldt Prob vier vnd zwanzigistehalb gradt haltendt, vm zweiund Sibenzig floren vngrischs, vnnd eine margk fein gebrandt Silber Sechtzehen die halbe lot haldent vmb Sechs die halb floren vngrischs, den gulden zu dreiundfunftzig groschen Je vor eni groschen sechs denar zutzellen, Solches goldt vnnd Silber sol auf Wienischem gewicht in vnser Camer gegeben vnnd gelegt werdenn, Daselbst sollen wir die gewergken mit gutter Muntz die Im Lande gehen one Vortzug betzallen.

Unnd so durch gottes vorleihung diese Perchwerg in erhebunge kumben, das Irgend auf disem vmbligenden gepirgen vnnd Perchwerg nach Ausgong der vier Jar Irgent eine Zech mit Gewin erpawet wurde, alßo das ein hair mit gewin arbeitten kundt Sie sollen vns vnnd vnsern nachkumben vorpflicht sein den Zehenden zugeben, die zehende margk goldt oder Silber aber das zehende lot Souiel als sich am gewichte befunde ane ainicherley hutten kost, aber auf bereitung in vnsere Camer antworten, Wo aber Irgent ein goldt oder Silber auf einer Zech mit schaden gemacht wurde, das sol In one alle Hinderniß des Zehenden bezalt werden.

Auch begabenn vnnd begnaden wir alle die Itzigen vnnd kunftigen gewerken so Irgent ein gewergk solch Metal golt oder Silber zu kleinoten oder dergleichen hausnotturften bedorfende wer So sol Jme dasselb gestattet werdenn, von vns vnnd allen vnsern nachkumben vngehindert.

Wir begaben vnnd begnadenn alle vnd Itzliche gewerken das sie in vnsern vmbligenden gepirgen walden vnnd Puschen vmb den Zugkemantel gelegen, frei haben, holtz zu allerlei notturft des Perchwergs Nembliche Paw holtz Reiß holtz Koel holtz desgleichen zu Puchwergk Mulen Rinnen, zu schachten vnnd Stollenn, auch heuser zu Pawen, wartzu es die beiligende not des Pergwergs erfordert zu erhebung der Perchwerge, Dargegen solle vns vnnd vnsern nachkumben Ein Iglicher zeche vier Erbkuks frei gepawet werdenn vnd denselben gewin in vnsere Camer legen ons ainicherlei hutten kost aber auf bereitunge.

Wir geben auch welkombene freiheit auf disem vmbligenden Pergwerchen, allerley handwerch zutreiben Prawen schlachten schenken Packen vorkauffen vnnd kauffenn, allerlei Speis getrengk bier wein vnnd Met Specerei Saltz Eisen getreidt gewandt vnnd alle andere notturft nichts ausgenomben, Zufuren tragen vnnd treiben, ane alle maut vnnd Zinß vnd vngeldt sampt andern Eerlichen sachen vnnd gewerben, allenthalben zu erhaltunge des Pergwerchs Es sollen auch alle gewerken aufm Zugkmantel sampt denen die dem Perchwerg zugut handln, frei haben in vnsern Stetten dorfern vnd gebieten, auf offentlichen Jarmargkten vnd Wochenmargkten, Zukauffen vnnd Zuzufurn, one alle Zol vnnd beschwerunge, Desgleichen sollen vnd mugen auch die auslendischen gewerken vnnd bergkleut So diese Perchwergk Pawen hantirn vnnd Zufurn, vnnd angezeigter freiheit geprauchen vnnd genissenn.

So dan durch gotliche vorleihunge solche Pergwerch zu nutz kemen, vnnd sich erhuben als dan gute hofnunge ist das die gewerken vnd Pergleut raum vnd stellen begertenn, eine freihe Pergstat zu Pawen, Desgleichen Prewheuser Meltzheuser badstuben Brodbengk fleischsbengk zupawen, So wollen wir denselbigen genungsamben raum vnnd weitte zu einer fwrei Bergkstat wo es dem Berkwerge am gelegnesten ist, auch leidlich sein will mit aller notturft vorleihen vnnd abmessenn, vnnd zu einer freihen Bergkstat bestettigen.

Sonderlich in dem Oberngrunde die Hermerstat genant, alda sich der alten auch Neven Pergwerchgen, vnnd trostlich Zunemben, So wollen wir zur notturft vnd Pesten derselben gewerken alle vnnd Jede abgeschribene freiheit vnnd ordnunge begnaden, Sampt alle vmbligende derselben vnsere gepirg alßo vbertragen habenn, Vnnd das auch alle vnnd Jede gewergken, die sich in demselbigen Obergrunde we-

wesentlich niderlassenn, auf derselben stellen vnnd vmbligenden Pergwerchen sollen vnnd mugen frei haben zu backen schenken schlachten vnnd allerlei hantierunge dem Pergwerg zu nutz zutreiben one allen beschwer oder auffsatz Wo aber Irgent einer gutter haben wurde oder haldenn die vor alters mit Zinsenn, oder andern Pflichten vorhaft Das soll bey alter Pflicht vnnd Stadrecht Pleiben.

Es sollen auch alle gewerken vnnd Pergleut frei sein aller hertzug geschos Steur vnnd Newer auffsatzunge wie die Namen haben oder gewinnen Außgnumben wo Jemands Im Lande mit raub Prant vnnd andere Krigsleuft aber andere not fortfiele, Das die Statleut zum Zukemantel auf sein muhesten, die weil solches den Pergleutten gleich als den Statleuttenn zu befridung vnnd Pesten belanget So sollen sie treulich bei einander stehen retten vnnd helfenn.

Was die Pochwergk Mullen huttenn so diesem Pergwerg zum Pesten vonnoten sein wurde, welcher gewergk oder schichtmaister nach obenuormelter Joachimbstaller ordnunge von Pergmeister eine Stelle aufnimpt, das wird Ime zu seinen Prauch zugeben werden, auch das die gräben weg vnnd Steg, zu Mullen hutten Pochwerchen zun schlechten und stollen vnd andern notturften one anderleut schaden gemacht wurdenn.

Auch soll ein Iglicher gewergk freie gewaldt haben Ire gruben hutten Mulen Pochwerg vnnd alles was sie auf dem Pergwerch habenn zu bescheiden geben vorkeuffenn vorschreiben vnnd anderm zutzuteilen, es sey bey gutem gesundt oder am Tottbett, auch von dannen zutzihen ane alles vnser hindernus, doch so lange sie auf disem Pergwerch wonen, Sollen sie vns mit dem aide vntertheniglich verpunden sein.

Vnnd so Irgent ein auslender wer, der von seinem gut aber desgleichen von was anders absturbe vnnd kein Testament gemacht, auch keinen angepornen freundt daselben hat Dasselbe gut sol nach Radt der Eltesten auf arme leut in das Spital gewendet werden.

Wo es sich zutrug das Jrgent einer auf das vorgemelte Perchwerg kumben wurde, der ausserhalben vnsers Bisthumbs der Schlesigr Jwent in schult gefallen wer aber aus vorschulter vrsache die gewalt furchtet, entrinnen must vnnd auf disen Pergwerch Pawenn, und der freiheit genissen will, der sol ein gewiß frey sicher geleit haben von dato dises brifes biß auf zehen Jar langk, alßo das er auf disen Bergkwergen bawet und sein narunge suchen mag So aber Jemand auf disen Perchwergen schuldt machet, zudem sol nach obenuormelter gewonheit vnd recht geholffen werden, nach ausgang solcher zehen Jar Da sol auf dem Zukemantel einem Jtzlichen zu seinem schuldner recht verholfen werden, vnnd nicht anders wo.

Es sollen auch auf gemelten Pergwergen die Joachimbstaller ordnung vnnd recht vngeuerlich nach gelegenheit der Pergwerge gehalten werden, doch der hierinnen begriffenen articln one schaden, dardurch dem auslendischen als dem Einwoner nichts anders dan nach Joachimbs Taller ordnunge widerfaren soll Aber in vnser Stat zum Zukemantl sol man sich des vorigen geprauchs des Statrechtens in allem thun vorhalten, auch daselbst als in der Obristen Bergstat desselben ortes, alle anscheit vnnd zenkische geprechen der Perchwerche furgetragen werden, aldo wollen wir vnsern Pergmeister geschworne und gegenschreiber ein gut Regiment setzen vnnd bestetigen, beider den armen als den reichen nach ordnunge die gerechtigkeit widerfaren soll. Es were dann sach das Jndert ein fall were anderswo recht zu holen Das wollen wir vns vnnd vnsern nachkumben zuuor behalten haben, Jdoch das Jedermann der zug in vnsere Camer vmb sein frey geldt vnuorschlossen sey, Damit Jdermenniglich keine kurtz vnnd vnrecht beschehe.

Es sollen auch in der Zeit die gewergken macht habenn zu erhaltunge nutz vnnd frumben des Bergwerken, mit Iren arbeittern zimbliche ordnunge vnd auffsatz zu machen vnnd was alßo ferner in solchen fellen zu Irem gedei gereichen magk Jedoch mit vnserm fernern Zulaß, darinnen wir sie in allen zimblichen bedenken, vnnd vorsehen wollen,

Des behalten wir vnns vnnd vnsern nachkumben beuor op wir oder sy in dieser ordnunge wes befunden, das dem Pergwerche erheblicher vnnd zu Pessern gedei lande vnnd leutten zu nutz gereichen mechte das wir oder sy dasselbe zu allen Zeitten zu minndern zu mehren macht habenn. Auch hiemit beschlißlich setzenn vnnd wollen dasselbige vnsere ordnunge vnnd freiheit von Itzigen oder zukünftigen gewerken, In oder auslendischen bei vnnachlessiger straf vnd Paen sol allenthalben nach gestalt der vermerkunge auf einem Jeden zulegen steinwest vnnd vnuorprüchlich nachgelebt und die statlich gehalten werden soll, bey aller solcher freiheit ordnunge vnnd bergrechten, geloben vnnd vorsprechen wir allen die Itzigen vnd kunftigen gewehrken Pergleut handwerger, welche in künftigen Zeitten zulassen, zuhalden zu handhaben schutzenn vnnd schirmenn one geferdt, doch vns vnnd vnsern nachkumbenden Bischofen vnd Kirchen zu Preßlaw, sunst an vnsern furstlichen Herschaften vnnd allerley recht one schadenn Zu vrkundt haben wir vnser furstlich Insigel auf disen brif drugken lassen, Geschehen vnd gegeben zur Neiß freitags nach Exaltationem Crucis Nach Christi gepuert 1559.

Beilage E.

Ferdinannd Römischer Khayser rc.

Instruction, was die treuesſten, unnsere lieb getreuen, Valtin Rolnikh, unnser Ratt, vnnd verwalter der perkh-haubtmanschafft in Behaimb, vnnd Adam Hülß, vom Goldtperkh, vnnser Bereitter der perkhwerch daselbst, In bereittung, befarung, vnnd besichtigung d perkhwerch In Schlesien, handlen vnnd verrichten sollen.

Erstlich sollen sich obgemelte vnnsere Comissarien, zu vnnser Camer in ober vnnd Nid Schlesien, verfuegen, vnnd sich bey derselben Ansagen, so wierdet Sj Jnen noch etlich mer perkhverstendige personen, zugeben, die Sj von ainen perkhwerch zu den anndern, fueren, vnnd gleichwoll auch neben Jnen, die perkhsachen verrichten vnnd volbringen helffen werden.

Zum Anndern, Nach dem auß der Gewerkhen, vnnd perkhleütt, hieuor eingelegten Supplicationen, vnnd schrifften, auch auß des Gestrenng vnnserß lieben getreuen, Fridrichs von Redern, darüber schrifftlichen erfolgten guettbedunkhen, befunden rc. vor allen dingen, die perkhwerch mit gueter vnnd nutzlicher perkhordnung, darnach sich die Gewerkhen yeder Zeitt zurichten, vnnd zuhalten hetten, versehen werden muessen, vnnd dann da vorigen Comissarien In gedachter Irer Relation vndter anndern melden, das die perkhwerch Im Fursstenthumb oppeln, nicht streichende, vnnd Nid fallende geng sein, vnnd flötzweiß, vnnd den polnisch vnnd Tarnowitzischen perkhwerchen, wie Sj eß Nenen, nahendt gelegen. So ist vnnser willen vnd mainung, damit dieselben perkhordnungen, d ortten, diser Zeitt, weill auch dj Gewerkhen derselben, gewonett, annd Irer bißheer gebraucht, eingesetzt vnnd gehalten werde, welches vnnsere yetzige Comissarj Also zubeschehen verordnen sollen, wurde sich aber zuetragen, das die perkhwerch mitler Zeitt in ain pesser auffnemen gebracht, so mag yeder Zeitt nach gelegenhait derselben, ferrner maß vnd ordnung, gegeben werden.

Was aber des oberhaubtmanß daselbst, im Furssten= thum oppeln Abschidt, der Verleihung halben, Anlangett, so er den Gewerhen hieuor, auff Ir Suppliciren gegeben, Nemblich das der erste finder der Ertze, an yeden Geburg Sechs Zettl, welches vier vnd Zwanitzig Maß, Anj Maß auff Achzehen lachter gerechnet sindt, Alß finder, vnnd vol= gendts durch Jme mutet Ani Zetl, welches vier Maß Zwo vnndsibentzig Lachter thuett, haben soll das ist vnnserß er= achtens zuuill, Dann wann man ainer Gewerkhschafft, in ainen Gepirge, ain solche grosse Refier vnd veldt eingibt, So werden die perkhwerch darburch, Alß wir bericht, mer gehindert, dann gefurdert, Derwegen vnnser beurth, den die Comissarien, in gedachte perkhordnung, vndter andern auch einstelleten, wieuil massen vnnd lachter, forthin, ain yede Gewerkhschafft haben soll, Dann vnnsers bedeuthenß, so wer eß an dem halben Taill, obgedachter verleihung, mer, dann zuuill, Jedoch wierdt eß der Augenschein alleß geben, vnnd werden die Comissarien, darJnnen solliche Mass zu= halten wissen, Auff das den Alten perkhwerchs gepreüchen, nachgelebt werde.

Zum dritten, Nach dem obgedachtet, Fribrich von Re= dern, vnnd der anndern haubt, vnd Ambtleütt Jn Slesien, deßgleichen auch der geweeßnen Comissarien, wie in Jrer Relation Zubefinden, Rattlichs bedenkhen, das wir denen von Adel, vnnd Grundtherrn, an den Zchendten etwas, wie den Stennden, in der Cron Behaimb, genedigst vohn lassen wolten, Darauff vnd vmb desto merer befurdrung, vnnd auffnembunge der perkhwerch willen, vnnß so woll Alß ge= mainem landt, vnnd Jm selbst dem Grundtherrn zum pess= ten, Bewilligen wir Jnen, den halben Taill, des Zehendts auff funffzehen Jar lang, sambt den vier Erbkhukhsen, allermassen wie den Stennden In vnnserm Khunigreich Behaimb, erfolgen vnnd zuestern zulassen. Doch das Sj auch dagegen, das holtz zu nodturfft der perkhwerch, auch zu erpauung der hutten, vnnd puchwerch, one mittel dargeben, vnnd den Gewerkhen darInnen khain verhindung thuen, noch auch die Wasserfluß, vnnd schlahung drr weeren, die man zu hutten, vnnd puchwerch haben muß, weitter, wie Sj bißheer, hindern od stekhen, Desgleichen das Sj auch, dj weeg vnnd Steeg, zu den perkhwerchen gestatten, vnnd Also dj perkwerch, mit allen nodturfften, vnnß so woll, Alß Inen zum pesften befurdern, dann sonst, vnnd one das, wurde den perkhwergen, vnnd Gewerkhen, wenig geholffen, derhalb, vnnser Comissarien, mit dem Grundtherrn Jed perkhwerch, darauff hanndlen, vnnd dise vnnsre bewilligung, vnnd begnadung, bey yeden perkhwerchen offentlich publiciren, vnd khundbar machen sollen.

Zum vierdten, was belanget die perkhwerch Im Furstenthumb Schweidnitz, Jauer, vnd anndern ortten, Nach dem sich auß den eingelegten schrifften, vnnd der Commissarien Relation, befindet, das dieselbigen perkhwerch alle streichende, vnd Nid fallende Geng haben, vnnd sich auch darauff der Joachimß Tallischen perkhordnung gebrauchen, waß in wenig Articln fur Anderung befunden dabey möcht eß noch bleiben, Jedoch so sollen die Comissarien, den Augenschein selbst auch ersehen, vnnd sich der sachen, vnnd ob etwo noch mere nutzliche, vnnd zuetrugliche Articl, die den perkhwerchen auffnumblich In bemelte perkhordnungen zusetzen weren, mit vleüß erkhundigen, vnnd dasselb also zubeschehen verordnen.

Zum funfften, Nachdem die Gewerkhen, in ettlich Supplicationen, vnnderthenigist bitten, das wir die Golder, Silber, Khupffer, vnnd pley, Jnen den Gewerkhen, auff ettliche Jar zuuerfueren, vnnd zuuerkhauffen, genedigist gestatten wollen, Darein khunden wir, auß beweglichen Vrsachen, nit bewilligen, vnnd wir lassen die Goldt, vnnd Silber, bej Jungstem auffgesetzten khauff, davon vnnser Schlesische Chamer wissenschaft hat, vnnd Jnen bericht Zugeben wierdet wissen, biß auf weittere vnnsere verordnung genedigist beleiben, Was aber die Khupffer, vnnd plej Anlanget, sollen sich vnnser Comissarj, grundtlich vnd aigentlich, wie wir dieselben auch nach dem preßlawischen Centtner bezallen lassen möchten, erkhundigen, vnnd vnß der sachen, wid mit Jren Ratt, vnnd guetbedunkhen, berichten, Damit alle obgedachte Metall, Alß Silber, Goldt, Khupffer, vnd plej in vnnser Slesische Chamer vberantwortt, vnnd ausser Lanndtß nicht verfuert werden.

Zum sechsten, Alß die Gewerkhen auch bitten, wofern wir obgedachte Mettall, in vnnsere Schlesische Chamer zuantwortten beuelhen wurden, das Jnen den Gewerkhen biß weillen zu nodturfft, mit ainem vorlehen geholffen werden mochte. Das khuntt nun auch an ettlichen ortten, do eß gewiß, vnnd wider einbracht werden möchte beschehen, Jedoch das den personen, denen der Goldt, Silber, Khupffer, vnnd pleykhauf, zu Preßlau benöthen, ernstlich aufferlegt, vnnd eingepunden werde für sich selbst, nichts darzuleihen, Es beschehe dann, mit der Camer, vnnd perkh Ambtleütt, Ratt, vnnd vorwissen, vnnd gegen genuegsamb vorstanndt, mit angesessnen vnd vermuglich personen, damit vnß nicht vngewisse schuld gemacht, welches auch dj Commissarien, Alß von vnnserntwegen, zuthuen verordnen soll.

Zum Achten *), Alß die Gewerkhen, waß auff allen perkhwerchen, vm bestellung der perkhAmbtleütt, gehorsamblich bitten thuen, solliches wer woll billich, weill aber auß der vorigen Comissarien Relation befunden, das auff manichen perkhwerchen khaumb anj Zech, od Zwo gepautt wer-

*) Sieben fehlt in der Abschrift.

den, So ist vn von nötten, auff anj Jedeß vnndliche Ambtleütt zuordnen, vnnd Ist darauff vnnser beuelch, das vnnsern Comissarien, mit vorwissen vnnser Slesischen Camer an anj ortt, zwey oder drey, zusamben, nach gelegenhaitt, vnnd do Jetzundt die maisten perkhwerch gebautt, ainerlaj Ambtleütt, verordnen, die Allenthalben im Lanndt, zuuerleihen, vnnd die perkhsachen zuuerrichten beuelch hetten wurden Alsdann auß verleihung Gotteß, mitler Zeitt die perkhwerch, in ani merer auff nemen khomben, so mochten volgendts, nach gelegenhait derselben, alle mall meer Ambtleütt darzue bestelt werden.

Zum Neundten, Nach dem auch die Gewerkhen weitter vnndthenigist bitten, das wir Jnen Jren gebuerenden AnTaill, des zehendts, biß zur Ausspeütt, genedist erlassen wolle, dar Jnnen sollen die Comissarien, auch alle vleussige vnnd Nottwendige erkhundigung halten, vnnd einzihen, vnnd vnnß der sachen, vnnd, was wir den Gewerkhen dißfalß zu gnaden thuen möchten mit Jren guetbedunkhen berichten; Dann weill die perkhwerch ainand vngleich, an ainen ortt flötzweiß, an ainnn Anndern ganghafftig, so khunden wir vnnß, one genungsambe vorgehende besichtigung vnnd erwegung, hierüber nichts gewiseß endtschliessen.

Zum Zehendten, Sollen sich die Comissarien, auch mit vleüß erkhundigen, weill die perkhleütt vnnd Gewerkhen, hin vnnd wid, auff den perkhwerchen, vmb ettliche Platz, dahin Sj Jre heußliche wonungen pauen möchten, gehorsambist bitten thuen, ob eß auch bj nodturfft erfordert od nicht, wurde Alsdann von Jnen solliches für billich erkhennet, so khundte den gedachten perkhleutten, mit vorwissen vnserer Slesischen Camer yed Zeitt platz, zu gedachter Jrer wonung angewiesen werden, vnnd do es gleich etwa die Grundtherrn Anlangte, dieweill wir Jnen, an den Zehendt etwas volg liessen, wurden Sj sich desselben auch mit pilligkhaitt nit beschweren khunden.

Zum Aeilfften, belangendt die Freihaitten, Alß freyen Zue, vnnd Abzug, auch preuen, packen, schlachten, vnnd dgleichen, ob woll den perkhleutten sölbiches, weill eß auff and pergkhwerchen, auch gebreuchlich, nicht woll Abzuschlagen, Doch so mochten Jnen, allain an den ortten, do sy anfiengen perkhstettlen zupauen, die Gericht, vnnd solliche freihaitt zu, vnnd nachgelassen werden, Derhalb sich die Comissarien der sachen zuuor auch grundtlich erkhundigen, die Stell vnd ortter besichtigen, vnnd vnß volgendts derselben auch mit Jren Ratt, vnd guetbedunkh, vnß daruber ferner mit gnaden zuentschliessen hetten, berichten sollen.

Letztlich vnnd beschließlich, befindet sich, auff den geweeßnen Comissarien Relation das an ettlichen ortten, vnnd auff ettlichen perkhwerchen in Slesien, gar wenig holtz sein solte, ane welches doch die perkhwerch nicht khöenen gepauett, noch auffgebracht werden, weill wir aber berichtet, die ettlich Abbt und Stifft alda, noch solten vill waldt vnnd Gehultz, die mitler Zeitt, auff dem perkhwerch woll zugebrauchen weren, haben, So sollen demnach vnnsere Comissarien, auff beyligenden vnnsern offnen Credentzbrieff, mit denselben Aebbten, Stifften, vnd Geistlichen handlen, vnd Jnen von vnserntwegen aufferleg, yed Zeitt den gewerkhen, die nodturfft holtz, do eß den perkhwerchen fueglichen vnd gelegen, vmb gebuerlichen waldtzinß volgen zu lassen, wie sich dann auch gemelte Comissarien, mit denselben stifften, vnnd Geistlichen, baldt aines gebuerlichen waldtzinß, doch nach gelegenhait yedes ortts, vergleichen, vnnd daneben denselben sonst die waldt nit vnnutzlich zuuerschwenden, noch abzutreiben, vnnd den perkhwerchen yed Zeitt zum pessten zuheegen vnnd vorzuhalten, in vnnsern Namen ernstlich auferlegen sollen, Alß Sj in ainen vnd anndern vnnserer vnnd den perkhwerch notturfft nach zuthuen, vnn an Jrem getreuen vnnd muglichen vleuß, was zu erhebung desselben perkhwerch Jmer dienstlich, vnnd zue=

treglich sein wirdet, nichts erwenden zulassen, vnns auch hernach aller Irer handlung vnd außrichtung, sambt angehengten Iren Ratt vnd guetbedunkhen, zu berichten werden wissen, Sj verbringen auch daran vnnsern gantz genedigen vnd gefelligen willen vnnd mainung. Geben Prag den 12. Junj, Ao ꝛc. Inn 1562sten.

Beilage F.

Stollen-Ordnung in der Standesherrschaft Beuthen von 1553.

Wir Stenzel Meninger von Meningen auf Khopenitz der Herrschaft Beuthen, Hofmeister, Balzer Burgeny obgedachter Herrschaft Bergmeister, bekennen und thuen kund, hiemit diesen Brief, daß uns die Ehren vesten Namhaften Herrn die zusammen geschlagene Gewerkschaft von Ilkusch und Krockkow sammt ihrer Gesellschaft angelangt, und gebeten, wir wollten Ihnen ein glaubwürdige Abschrift der Ordnung, was ein Erbstollen in der Herrschaft Beuthen zu Erbgerechtigkeit haben soll, unter dem gewendlichen Bergsiegel, mittheilen, welche ihre billige Bitt, weil sie willens sein, sich in der Herrschaft Beuthen in Stollen und andern Berggebau einzulassen, wir ihnen abzuslagen nicht gewust, welche Stollenordnung mit ihrer F. Gn. Markgrafen Georgen Friedrichen zu Brandenburg anhangen Fürstlichen Insiegel verfertiget, und laut vom Wort zu Wort wie folget.

Wir des Durchlauchtigen hochgebornen Fürsten und Herrn, Herrn Georg Friedrichen Markgrafen zu Brandenburg, zu Stettin, Pommern, der Cassuben und Wenden, auch in Schlesien zu Jaegerndorf ꝛc. Herzogen, Burggrafen zu Nürnberg und Fürsten zu Rugen unsers gnädigen Herrn Regenten und Rath im Haus zu Onolzbach

Thuen kund und zu wissen, jedermänniglich und sonderlich allen und jeden Gewerken des Bergwerks in der Herrschaft Beuthen. Demnach der Zeit vielständiger Berg und Massen großer Wassernoth halber ungebauet liegen müssen. Ist durch hochgedachtes Fürsten unsers gnädigen Herrn Räthe und Bergverständigen dieses Bergwerks Amtleut bedacht, daß auf echst möglich an den Orten, wo das sein kann, Erbstollen verliehen angefangen und gebauet werden sollen, dadurch (ob; Gott will) diesen erlegenen Bergwerken mehr, und beständiger dann durch die Wasserkunst aufgeholfen werden mag.

Dieweil aber dieser Bergwerk mit hohen Gebürg auch mit streichenden Gäng, Sand neuer Felzberg (Flötz) haben und sich die Ordnung und Erbgerechtigkeit der Erbstollen, so in der Crone Bohaimb, auch Sachsen und Meißen Landes gebräuchlich, auf die Flötzbergwerk nicht fügen, noch erspießlich sein mögen und die alten Bergwerk und Stollen-Freiheit Erbgerechtigkeit und Ordnung, welches sich die alten Bergleut (bedient) haben, nicht abschrieben, auch bei Menschen Gedanken nicht gebraucht, und also auß Gedächtniß kommen. Sein wir von hochgedachtes Fürsten unsers gnädigen Herrn wegen, durch dieses Bergwerk Amtleut und verständige, ein neun Stollenordnung, sammt derselben Erbgerechtigkeit stellen zu lassen, hievor verursacht, welches Anno (1544) öffentlich publiciret und schriftlich angeschlagen worden, dero sich denjenigen, so die Erbstollen treiben, sammt allen andern Gewerken fürohin, auch Bergmeister und Geschworner in vürfälligen zwispaltigen Sachen gebrauchen, darnach richten und Entschied geben sollen, wie dieselbig von Wort zu Wort hernach folgt. Zu den Ersten, so der Erbstollen verliehen wird, sollen die Erbstollner ihren Erbstollen, von Mundloch an, durch alle Felder Ihr Feldort, wohin ihnen beliebt, auch fürt er mehr Feld oder Gewerkorten, alsviel sie dieselben treiben, wollten, zu treiben, und mit ihrer Stolln Gerechtigkeit, wie her (nach) folgen wird, allenthalben zu durchfahren Macht haben.

Und nach solcher Verleihung soll vom Mundloch an, wohin man denselben Stollen mit dem Haupt Stolln Ort treiben will, von einer Gaß zu der andern, der Stolln in die Läng ausgestreckt, und bis in die hundert Massen, und soviel stärker die Nothdurft erheischt, oder mit der Zeit die Stollner ferner ihr Stollort weiter treiben würden, und soll allweg nach Achtzehn Lachtern mit einem Jahr oder Lochstein, verlochsteint werden, welche Lochstein bei Peen zehn Mark in meines gnädigen Herrn Kammer verfallend, niemand ausgraben, oder ausreißen soll, von diesem Lochstein soll dem Stollen zu beiden Seiten, sein Feld und Gerechtigkeit, nehmlich Achtzehn Lachtern, wie im dritten Artikel hernach vermeldet wurdet ungekränkt und gänzlich zufrieden bleiben, also daß mit andern Maßen oder gefeuen derselben Gerechtigkeit, zu nahend nicht verhindert oder eingesetzt worden, sondern außerhalb der Stollngerechtigkeit mag der Bergmeister einen jeden, der das Begehren oder Muthen wurde, verleihen und vermessen lassen.

So sichs aber begiebet, daß sich jemand von der nächsten Massen oder Feldern außerhalb des Stollngerechtigkeit mit erbett (Arbeit) einließ, und mit Künsten oder sonst seine Maaßen bauen, und auf des Stollen durchfahren oder trockenn nicht warten wollte, so soll den Stollnern in denselben Feld, in ihren verlochsteinten und ausgemessenen Stollengerechtigkeit; Ein oder mehr Schächte oder Lichtlöcher zu belegen und ihr Feld der maßen dadurch zu erhalten, und zu bewahren, wie dann dits (dieses) Bergwerksrechtgebrauch und Ordnung ist, auch bevorstehen.

Und dieses soll allein von dem Ersten angehabenden Mundloch, und verlochsteinten Hauptstollen verstanden werden. wurde sich aber zugetragen, daß von demselben Haupt Stollen im Querfeld mehr Stollenörter zu treiben den

Stollner oder andern geliehen würde, die auch mit Vermeß oder sonderliche Belehnung aufgenommen werden sollen, daß doch den Stollnern allweg vor andern bevorstehen soll, so sollen sie oder andern, wer die Treiben wird, mit denselben quer Stollörtern, wofern, und wo sie trocknen, wie von den Haupt Stollen bemelt, das Neundt auch erhalten, auch mit den Durchfahren in belehnten und bauhaft erhaltenen Maßen von Mittel derselben grin (Gerinne) zu beiden Seiten, vierteralb Lachter Erz und (unter) sich und über sich wegzunehmen Macht haben. So sich aber zutrug, daß ein solch Quer Stollort, in ein unbelehent frei Feld getrieben würde, so mag der Bergmeister demselben die Gerechtigkeit der Achtzehn Lachter, wie den Ersten Hauptstollen auch verleihen.

Zum andern soll der Erbstollen von Mundloch, und als fürder getrieben wird, die gemein und rechte Höhe eines Erbstollen das Viertel (Allhier fehlet die Zahl der Viertel Lachter) einer gemeinen Berglachter zwischen soll (Sohle) und Först auch an sonder Gespreng oder überflüssiges Steigen der Wassersaig getrieben werden, wo aber die Gespreng in sein müssen, sollten doch dieselben anders nit denn nach Besichtigung Bergmeisters und Geschwornen, und mit derselben Zulassung geschehen.

Möchten auch durch Bergmeister und Geschwornen erkannt werden, daß zwischen den Lichtlöchern, wo man die viel (viele derselben) schlagen müßte, odern in Feldern, da Wasser oder sonst gewaltiger Schwilmen (schwimmendes Gebirge) oder andere Nothdurft sonst wäre, das etliche Ort, die Höhe des Stollens nicht sogar vonnöthen, und übrige Unkosten vermieden und erspart werden könnten, daß soll allzeit bei derselben Besichtiung und Nachlassung stehen, doch daß dieselbe Nachlassung jedesmal in die Bergbücher verschrieben werden.

Zum dritten soll der Erbstollen vom Mittel des Gestäng oder Wassersaig, wie zuvor vermeldt, zu jeder Seiten Achtzehn Lachtern, wie im nächsten Artikel hernach weiter angezeigt wird, zu recht, auch die Erz und (unter) sich, und über sich, als nämlich unter sein Wassersaig, in alle Erztiefe und aber seine Först, den Erzen nach, wie dann dieses Orts, den Flötz und Erz, ihr Steigen und Fallen haben, zu nehmen und auszuhauen Macht haben, doch sollen sie das Stollort dem Gerinn oder Wassersaig nach nichts desto weniger fortzutreiben schuldig sein.

Zum Vierten soll neben des Stollngerechtigkeit, Berg oder Massen gemuthet, verliehen und ausgemessen werden, so soll allweg von des Erbstollen nächsten Lochstein anderthalb Schnur, daß ist, Sieben und zwanzig Lachtern bis zu den nächsten Erbschacht gemessen werden, auch welchen Sieben und zwanzig Lachtern, im nachfolgenden Markscheiden, den Erbstollen allweg zwei Feld zugetheilet, und also den Stollen, wie oben bemelt, die Achtzehnlachter eingebracht werden.

Zum Fünften, so die Stollner in ander Felder oder Massen Raubörter treiben würden (welches Ihnen vermög dieser Bergordnung und Gebrauch, wie andern auch andere gegen Ihnen zugelassen sein soll) so sollen sie doch unabläßig ihr Haupt oder Feldort ohne Unterlaß jede Schicht immerfort zu fördern und zu treiben schuldig sein.

Und so aus irgend einer umliegenden Ort dargegen sie ihre Oerter treiben, oder von ihnen gegen den Gehen (dem Ort) ein Durchschlag gemacht, und ein Theil den andern dadurch beleucht und beschrien wurde, so sollen beide Parthien alsdann mit derselben Arbeit still halten, bis durch die Geschwornen die Stufen oder Markscheidt geschlagen wird.

Und in solcher Markscheid so von Mittel des Stollngerinn und derselben Lochstein eingebrachten Stufen, dem

Stollen allweg zwei Feld zugetheilt werden, so sichs auch zutrüge, daß zwischen den Stollen und den beiliegenden nächsten Maaßen derstor einvielen, so sollen dem Stollen, und dieselben Maßen, wenn Durchschlag daraus geschehen, wie sonst der Gebrauch, mit der Markscheidt eingetheilt werden.

Zum Sechsten, so dem Stolln mit der ersten Muthung, oder bald darnach etliche Maßen zu gut aufgenommen werden, dargegen die Stollner ihr Feldort treiben, sollten dem Stolln dieselben bis sechzehn (Massen) mit dem Stolln verschrieben werden, was sie aber nachmals mit Ihrem Stollen oder Querörtern verfahren oder sonst mehr aufnehmen sollen sie andern Gewerken, der Ordnung nach bauhaftig erhalten, doch soll der Bergmeister in dem Ihn gebührliche Frist und Nachlassung wie ander Gewerken zu thun und zu geben Macht haben.

Zum Siebenten, wo mit dem Stolln oder desselben Oerter genug Felz (Flötze) Erz oder höfflich gebürg in frein unverliehenen, oder unbauhaftig unverhaltenen Feldern überfahren oder entblößt würde, das Innen (ihnen) aufzunehmen geliebt, darzu sollen sie die ersten Muther sein, den Stollen und derselben Gewerkschaft zu gut ausserhalb des Stollen vorhabenden Gerechtigkeit, bis in vier, nehmlich zu jeder Seiten zwo Massen aufzunehmen, dieselben ihnen auf ihr oder ihre vorsteer Muthung vor ander verliehen werden.

Nachdem aber, wie oft dieses Orts, bei den Gebäuen erfahren, daß die Arbeiter so die Erz spüren, den Gewerken, dasselbige vorschweigen, nicht anzeigen, und sie selbst oder durch ander, die nächst Massen zu sich bringen, derhalben soll kein Gang Flötz Geschick oder Massen, so mit dem Stollen über oder durchfahren durch den Bergmeister zunächst des Stollen Gerechtigkeir verliehen werden, es werden dann den vereideten Vorsteern, des Erbstollen, vor dem Bergmeister zuvor angesagt, angezeigt, und so dieselben Inner Dreien darnach daß selbige, von dem Bergmeister zu Lehn mit Empfahen und der Ordnung gemäß bauhaft halten, so soll und mag alsdann das (der) Bergmeister dieselben Massen begehrt verleihen.

Zum Achten, in allen belehnten Feldern, wo der Stollen hinkommt, oder Oerter oder Stroßen, darin treiben würde, dadurch die Erztiefe, es sey oben oder unten, Ertrocknet, aus denselben soll er das Neunte haben, im Erz, wie dasselbige bei den Wäschen abgemessen wurde, und bei diesen Bergwerk der Gebrauch ist, ohne alle Wiederlegung irgends eines Protest, wie die genannt werden möchten.

Wo aber die Erztief mit dem Stollen oder Stroßen nicht unterfahren oder getrocknet würde, daß die Gewerken derselben umliegenden Gebäu, mit Haspeln, Handvorn (Handpumpen) Künsten, oder wie das immer sein könnte, ihre Wasser auf dem Stollen haben oder halten müßten. So soll es aldann, bei Erkenntniß des Bergmeister und der Geschwornen stehn, was ihm an den Neunten dargegen abgesprochen werden. Doch soll den Stollnern zugelassen sein und bevorstehen so sie auf ihre Unkosten, die Wasser mit Haspeln, Handwerchen, oder Künsten auf dem Stolln selbst haben, und also das ganze Neundt erhalten, wollten, und dieß soll allein von den Feldern, da der Stolln von Rasen bis in die Wassersaig und zehn Lachtern einbringet verstanden werden.

Wo aber die Erzteuf tiefer, dann zehn Lachter sein oder fallen würden, und doch der Stollen von Rasen bis in Wassersaig zehn Lachter einbracht, soll ihm, ob er gleich die Erztief nicht trocknet, das Neundt an allen Abspruch folgen. Wurde alsdann die Nothdurft und große Tiefe erheischen, daß man die Wasser mit Haspeln, Röhren und Handwerch auf den Stolln heben und halten mußte, oder möcht, und die Stöllner dasselb thun, so soll Ihnen aus den-

denselben Zechen oder Massen, die sie damit trocknen, das Achte, wo aber Wasser damit nicht verhalten werden möchten, und mit Rädern oder Künsten, auf den Stollen heben oder treiben müßten, wo das die Stollner selbst thun (daß Ihnen in allweg bevorstehen soll) so soll Ihnen das Siebendt aus derselben Berg folgen. So aber solches Wasserheben mit den Künsten irgends eine andere Gewerkschaft in ihren Bergen oder Massen selbst thun würde, und der Stollen denselben Bergen, zehn Lachter von Rasen, die Wasser abgeführt, und weiter gebracht hätte, so soll dem Stolln sein Neundts nichts desto weniger ohn allen Abbruch gegeben werden.

Zum Neundten, So auch die Stollner Ihr Stollort gegen einem Feld treiben und Klüft überfahren, oder eröffneten, oder wie sich solches zutragen oder begeben möcht, daß ein ganz Feld oder etlich Maßen dadurch getrocknet wurden, darinnen zuvor Wassernoth halben die Erz nicht möchten genommen werden, nunmals durch Rechnung des Stollns getrocknet wurden, obgleich der Stollen nicht mit offnen Durchschlag käme, und doch die Felder betrocknet befunden, soll nicht weniger dem Stolln wie obbemelt, das Neunte aus denselben Feldern oder Massen folgen.

Zum Zehnten, so die Stollner ein Feld oder Gewirort, ohne Zulassung des Bergmeisters, drei anfahrend Schicht ungearbeit liegen lassen, und nicht fürder treiben würden, um jemand dasselbig vom Bergmeister zu lehen begehrt, so soll der Bergmeister auf Vortrag des Muthers die Geschwornen Führsteher des Stollens erfordern lassen, Ihnen die Muthung anzeigen und so sie dasselbige Haupt oder Querort inner drei Tagen, darnach nicht belegen und forttreiben, soll es dann begehrenden verliehen, und Ihm dasselbig, durch die Geschwornen auf des Bergmeisters Befehl, gegen Ihren Gebühr zu belegen, Angewiesen und eingeräumt werden, welches Ihm die Stollner nicht verhindern sollen.

Es soll auch derselb Bau durch Bergmeister und Geschwornen besichtigt und erkannt werden, ob derselbe neu Lehnträger ohne daß Stöllner Irrung und Verhinderung seine Bergordnung, durch Ihre Schacht-Mundlöcher Lichtlöcher haben und fördern mögen, und so solches wohl sein kann, was er ihnen alsdann für Schacht und Gerinnsteuern, und zu Erhaltung des Stollns oder Mundlochs wöchentlich oder zu Quartal geben soll, was in dem durch Bergmeister und Geschworner erkennt wurde, davon sollen sie beide Theil stättigen und dabei bleiben lassen.

Es soll auch in dem und andern freimachen des Stollens oder derselben Oerter, der Massen vermög der gemeinen Bergwerks-Ordnung Freiheit und derselben Declaration, wie mit andern Zechen gehalten werden, auch einen jeden ungewehrt und ungehindert sein, Bergmeister oder Geschwornen, die Gebäu des Stollens zu befahren lassen, als oft solches eines jeden Nothdurft erhaischt.

Zum Eilften, so sichs zutrüge, daß mehr Stollen in ein Feld oder Maßen getrieben würden, und eines unter dem andern auf einen Gang, Flötz oder in einer Maßen und seinem Gerinn oder Wassersaig Sieben rechter Berglachters einkommen, der soll den obern Stollen desselben Ort des Neunten, als wait und fern, die Sieben Lachter und Ihm einbringt und bezahlt, enterben, und mit Wetter so sichs zutrüge, daß in einen Feld, mehr denn ein Stolln gemuthet oder zu Lehn begehrt und neben ein anderer getrieben worden, soll doch den Stollen Inner sechszehn Massen seiner Gerechtigkeit beider nicht eingesetzen, oder zu nahe getrieben werden, doch soll diß allweg nach Gelegenheit der Felder zu meines gnädigen Herrn Messigung stehen.

Zum Zwölften, die Maßen, so außerhalb des Stollen-Gerechtigkeit liegen, und mit Frist, Steuer oder Nachlassung des Bergmeisters bis auf Zukunft des Erbstolln bauhaft erhalten werden, sollen nachdem, als jede fern oder nah edem Stollen gelegen, nach Erkenntniß Bergmeisters und Geschwornen, so lang bis sie der Stolln trocknet, und sie ihre Gebäu anstellen mögen, wöchentlich oder zu jeden Quartal dem Erbstollen eine ziemliche Steuer geben, damit derselbige desto stattlicher alle Drittheil und über Feiertag mag getrieben werden.

Zum Dreizehnten, nachdem die Stolln dieses Orts, Flötz und Ebene dieser Felder halben, nicht mit weniger oder kleiner Unkost, eine große Anzahl, und viel hundert Lachter, die Länge müssen getrieben werden, und ohne daß wenig tiefe über sich bringen, oder Nutz schaffen mögen, derhalben zu solchen Bau um den großen Darlag und Länge der Zeit willen, viel Gewerken, und mehr dann in andern Gebühren sein, auch den Theil etwas dann auf Acht Theil getheilt werden müssen, derhalben ist bedacht, daß die Theil auf zwei und dreißig oder vier und dreißig Theil, muß zu theilen, und zu bauen, bewilligt und verordnet worden, so mögen darnach nichts desto weniger Reich und Arm ein jeder nach seinen Gefallen und Vermögen so viel Theil als Ihm zu bauen geliebet annehmen.

Die weil dann die Theil des Stolln also weit ausgetheilet ist auch für gut und nützlich bedacht, daß die Erz, so den Stolln es sei durch Gebäu oder Neuntes zufallen nicht wie sonsten auf die Gewerken getheilt, sondern in einer Gemein der Gewerkschaft durch ihren Schichtmeister, und verordnete vereidete Diener, zu gut aufzuarbeiten, zu Rösten, Schmelzen, Treiben rc. und endlich mit dem nächsten Gewerken Wissen und zum höchsten zu Nutz, und zu Geld gemacht werden, davon soll so die Zubuß nicht reichte, oder man keine Anlage als Berg und andere Unkosten be zohlt, und alles in die Anschnitt und Quartal Rechnung, wie hernach folgen wird, gebracht werden, was alsdann Ueberfluß zu jedem Quartal sein würde, daß auf einen zwei und dreißig Theil ein oder mehr Gulden erreichen mag daß soll den Gewerken gereicht, und zu Ausbeut ausgetheilt werden, doch in dem allen meinen gnädigen Herrn Ihrer Fürstlichen Gnaden ordentlichen Zehend und sie eher oder melden Geld und ander Ihrer Fürstlichen Gnaden habende Regalien oder Gerechtigkeit, wie von andern Gebäuen unvorgriffen, und vorbehalten, derhalben soll auch den Stollnern einsonder Wäsch-Rost-Stoll- und Hutstadt verliehen werden.

Zum Vierzehnten, damit aber diesen und andern der Gewerken Nothdurften nach den Gebäu des Erbstollen geträulich und wahr fürgestanden werde, so soll bei einem jeden Erbstollen verordnet und gehalten werden, ein Schichtmeister und Huttman oder Steiger, auch soll, so es die Nothdurft erhaischt, mehr Huttleut gehalten werden, die alle sollen durch, oder mit Wissen und Willen der meisten Gewerken erwählt und aufgenommen, und nochmals für den Bergmeister veraidet, und mit der ordentlichen Pflicht angenommen werden. Es soll auch der Schichtmeister gebührlichen Vorstand oder Bürgschaft, dem Bergmeister fürstellen, der oder dieselb mit Namen verschrieben werde, damit die Gewerken ihres Darlegens und desjenigen vorgewiß und jeder gebührlichen Zeit gut Rechnung, und was er ihn schuldig blieb, an ihm oder derselben Vorstand zu bekommen haben.

Zum Funfzehnten, soll allweg zu rechter Quartalzeit, so es die Nothdurft erhaischt, mit Vorwissen der meisten Gewerken, durch den Bergmeister die Zubuß angelegt und durch den verordneten Schichtmeister angenommen werden, welche Zubuß ein jeder Gewerk bei Verlust seiner Theil in den ersten vier Wochen nach dato des Zubuß Briefs (der an des Bergmeisters Haus öffentlich angeschlagen soll werden) dem verordneten Schichtmeister soll erlegen und nach Ausgung der vier Wochen soll der Bergmeister, abermals ein offen Zettel anschlagen, auf welchen Tag er das Redartat halten will, dieser Zettel soll zum wenigsten drei Tage stehen, doch mag der Bergmeister das Redartat um einen Tag zween oder dreien länger erstrecken, daß zu seinem Gefallen stehen soll der Schichtmeister vor Bergmeister und Geschwornen seine Redardatzettel einlegen, welcher Gewerk alsdann seinen Theil zu Ausgang derselben Wochen nicht erlediget, dem sollen durch den Gegenschreiber seine Theil ab und Gewerkschaft zu gut ins Redartat geschrieben, darnach ausgetheilt oder verkauft und vorgewerkt werden.

Zum Sechszehnten, sollen die Schichtmeister und Steiger alle Wochen am Sonnabend zu der verordneten Stund, vor dem Bergmeister aus seinen Register die aufgegangenen Samb-Kost-Particular, die Arbeiter von Namen zu Namen, und alle Unkosten von Posten zu Posten anschneiden, und vorrechnen, darzu sich die Gewerken, einer oder mehr, so sie wollen, auch verfügen, und den Anschnitt hören mögen, und soll der Schichtmeister der ganzen Summa doch was auf Bergkosten, Wäsch und Rost, auch auf Hüttenkosten dieselbige Woche aufgegangen, jede unterschiedliche Summa weiß, ein Abschnitt Zettel, auch von jeden Arbeiter und Lohnschaften oder Gedingen, die Büchsen-Pfennig überantworten und einlegen.

Zum Siebenzehnten soll der Bergmeister zu Ausgang eines jeden Quartals einen Rechnungstag ansetzen und benehmen oder anschlagen, daß die Gewerken, welche bei der Rechnung sein wollen, desselben im Wissen haben, sie thuen alsdann darzu oder nicht, so soll der Schichtmeister sein Quartal Rechnung gegen den vorgelegten wöchentlichen Anschnitt Zettel, vor dem Bergmeister und Geschwornen thuen, und ein lauter Praticular Register einlegen, dabei auch das

Quatember oder wie man dieses Orts nennt, daß schreiben Geld von dem Erbstollen, und seinen zugehörigen Massen überantworten, und so er in solcher Rechnung, an baarem Geld den Gewerken ein Post schuldig wurde dann solchen als baar neben der Rechnung den Gewerken und dem Bergmeister fürlegen, bleiben aber die Gewerken ihm was schuldig daßj soll man Ihm aus der folgenden Zubuß bezahlen, allweg ihm ferner für einen Schichtmeister zu behalten oder zu vereidigen bei den meisten Gewerken und Bergmeister Willen stehen.

Von einen Erbstollen soll der Bergmeister, zum Ersten sein Muthgeld haben, einen Groschen, darnach vierzehn Tage nach der Muthung den nächsten Verleihtag, soll der Stollen bestätiget, und zur Bestätigung dem Bergmeister einen halben Gylden, dem Bergschreiber einen Groschen, zweien Geschwornen alsbald nach der Muthung die beim Ausmessen des Erbstollen sein, und die Lochstein besetzen allweg von zweien Lochstein ein halben Groschen, und dem Gegenschreiber von der Gewerkschaft, die auch alsbald nach der Bestättiung ins Gegenbuch geantwort werden soll, ein Groschen polnisch geben werden, so aber die Stollner dem Stolln zu gut massen aufnehmen, davon sollen sie dem Bergmeister, Geschworner und Bergschreiber, ihr Gebühr geben wie unten.

Würde sich in den vorerzählten oder andern Articeln die hierinne nicht alle bedacht oder gestellt mögen werden, Zwispalt oder Irrung zutragen, dieselben allezeit, wie andere zwiespaltig Bergwerkssachen bei der Obrigkeit Erklärung und des Bergmeisters und Geschwornen oder ordentliches Recht entschied, stehen und bleiben.

Alles getreulich und ohne Gefehrte. Zu Urkund ist dieser Brief mit hochgedachtes Unsers gnädigen Herrn Markgrafen Georg Friedrichen zu Brandenburg anhangenden Insiegel, und geben zu Onolzbach Donnerstag nach Exaudi den Achtzehnten Mai nach Christi Unsers Herrn Geburth Funfzehnhundert und im drei und funfzig Jahr.

H. W. Khnoring.

S. P. Cammer.

M. Junius.

Und demnach wir dieses Vidimuß, gegen den rechten original mit Fleiß übersehen lassen, und also von Wort zu Wort befunden haben wir obgedachte, Hofmeister, und Bergmeister das gewöhnliche Bergsiegel zu Ende der Schrift Aufgedruckt. Geben auf Tarnowitz den sechs und zwanzigsten Tag Mai Anno 1568.

Kolibri 360 GmbH
Ferdinand-Jühlke-Straße 7
99095 Erfurt, Deutschland
produktsicherheit@kolibri360.de